Italian

Posso parlare l'italiano.

It's a completely new way to **learn foreign language vocabulary** fast and easy.

From **basic greetings** and **expressions** to **grammar** and **conversations**!

{ 인간적으로 좋은 제3외국어 첫걸음 교재에 대하여! }

From **basic greetings** and **expressions** to **grammar** and **conversations**!

Practical **Useful** and **Easy-To-Understand** Lessons!

1. 들어가는 말!

이 책은 바빠서 죽을 것 같지만 그래도 왠지 배워두면
보약이 될 것 같은 제3외국어
(스페인어/프랑스어/독일어/이탈리아어)의
초보 학습자 여러분을 위해 특별히 기획되었습니다.

대학 교양강좌와 대한민국 다국어 학습교재의
국가대표급 교수님들이 성의를 꽉 채워
준비한 프로젝트입니다.
답답하고 숨 턱턱 막히는 꼴통 문법서가 아니라

제3외국어 자체에 대한 흥미와 관심이
생활회화, 여행회화 능력으로 곧바로 이어지는
고만 책입니다.

제3외국어 학습, 궁극의 뿌듯함을 선사하고자
외국어 학습의 비법과 친절함이 똘똘 뭉친 거죠.

Learn to understand and speak Languages quickly and easily.

Italian

슈퍼스타 이탈리아어 첫걸음

저자_ 조성윤

1판 1쇄 인쇄_ 2016. 1. 20.
1판 1쇄 발행_ 2016. 1. 25.

발행처_ 북커스베르겐
발행인_ 신은영

등록번호_ 제313-2009-217호
등록일자_ 2009. 10. 6.

주소_ 경기도 고양시 일산동구 장항동 742-1 한라밀라트 B동 215호
전화_ 02) 722-6826   팩스_ 031) 911-6486

값은 표지에 있습니다.
ISBN 978-89-97343-20-1 14780
        978-89-97343-10-2 (세트)

「이 도서의 국립중앙도서관 출판시도서목록(CIP)은 서지정보유통지원시스템 홈페이지
(http://seoji.nl.go.kr)와 국가자료공동목록시스템(http://www.nl.go.kr/kolisnet)에서 이용
하실 수 있습니다. (CIP제어번호: CIP2016000915)」

이메일_ bookersbg@naver.com

북커스베르겐은 **옥당**의 외국어 출판브랜드입니다.

배우는 과정 자체가
교양이 되고 희망이 되는
그런 보약 같은 외국어입니다.

Pronunciation basic
The epilogue-only for slow learners!

2. 그런데 말입니다!

우리가 애정을 가지고, 부담감 없이 친해질 수 있는
외국어는 진심 없는 걸까요?

점수의 대상으로서의 외국어가 아닌
내가 좋아서 시작하고,
가까운 어느 날 나 자신에게 효도하는 그런 외국어,
그리고 배우는 과정 자체가 교양이 되고 희망이 되는
그런 보약 같은 외국어 말입니다.

Basics grammar
Vocab all nonessential!

3. 그래서 준비했습니다!

문법 따로, 회화 따로인 기존의 교재와 완전 다르게
접근했습니다. 방금 배운 문법이 바로 활용 가능한,
그래서 생활회화에 대한 응용력이 생기고,
동시에 조만간 박차고 떠나게 될
유럽여행의 여행회화가
덤으로 해결되는 그야말로 회화 자신감이
만땅 채워지는
정말 제대로 된 스스로 학습서!

대한민국 모든 초보 학습자를 위한 절대 친절,
궁극의 자습서를 말입니다!

새로운 시리즈의 결정적 경쟁력!

From **basic greetings** and **expressions** to **grammar** and **conversations**!

Practical, **Useful** and **Easy-To-Understand** Lessons!

Learn to understand and speak Languages quickly and easily.

문법의 근본적인 이해능력,
바로 이 부분이 해결되어야
자연스럽게 회화능력이 쌓입니다.

1. 초순식간에
다국어와 친구되기!

그래서 시리즈는 외국어 문법을 이야기의 대상으로
그리고 문법과 사람이야기라는 콘셉트로
설명해드릴 것입니다.

이번 시리즈는 학습자 스스로가 문법구조를
또박또박 짚어가며,
자신의 회화실력을 꾹꾹 눌러 다지는 시스템입니다!
그래서 편안한 마음으로 완전 혼자서 공부할 수 있는
진짜 독습서죠!

2. 불확실성의 앵무새 죽이기!

A:B 대화형식의 문장 외우기는 어디로 튈지 모르는
상대방 대화의 불확실성을 전제로 하고 있습니다.

그렇기 때문에 학습자에게 중요한 것은
어떤 상황에서든 내가 만들어 낼 수 있는 문장생성능력,
그리고 문법의 근본적인 이해능력입니다.
바로 이런 부분들이 해결되어야
자연스럽게 회화능력이 쌓이는 것이고요.

3. 이번 시리즈의 기본 성격!

언어 자체에 대한 상식적인 접근을 전제로 합니다.
영어 또는 우리말 습관과 비교한다든지,
쉽게 외우고, 활용할 수 있는 묘수를 소개합니다

문법책이지만 이야기가 있고, 여유가 있는 책,
문화와 유럽어권 사람의 이야기가 있는
그런 책입니다.
특히 여행회화도 완벽하게 대비되는
다국어 첫걸음 학습서의 진짜 본좌!

Practical, **Useful** and
Easy-To-Understand Lessons!

It's the perfect book
for any self-learner.

It's a completely new way to **learn foreign language vocabulary** fast and easy.

From **basic greetings** and **expressions** to **grammar** and **conversations**!

{ 스마트한 학습자를 위한 친절한 제안! }

From **basic greetings** and **expressions** to **grammar** and **conversations**!

Learn the languages and speak languages quickly and easily.

달달한 문법이야기 + 회화능력 발전소 + 여행회화 해결책
= 문장 생성력, 아싸~! 외국어 자신감!이 목표입니다!

Basics Grammar
void of all nonessentials!

1. 이번 시리즈의 목표점!

이번 시리즈의 목표지점에는 언어를 통해
해당 언어권 문화와 사람을 보는 방법이 있습니다.

유럽어라는 잘 만들어진 언어체계를
좀 더 친근하게 분석적으로 접근해 보는 것,
언어 자체에 대한 애정이 쌓여가는 과정이
이번 시리즈의 전체 학습과정이 될 것입니다.

조급해할 필요 없고, 부담도 없이
그저 재미가 탐구되는 언어 학습서가
이번 시리즈의 목표이자 콘셉트입니다.

2. 이번 시리즈의 경쟁력!

여느 문법책과 달리 무 자르듯이 품사별로 나누어
설명하지 않는 이유는
가장 먼저 필요한 요소부터 배우고,
배운 내용만 가지고도 문장생성능력과 회화능력이
곧바로 생길 수 있도록 과를 구성했기 때문입니다.
우리가 언어를 처음 습득할 때의 방식처럼
자주 쓰는 표현, 사용하기 쉬운 표현에 필요한 만큼의
문법을 최우선적으로 소개하고 있습니다.
초소량의 문법으로 최장의 문장을 만들어 내는 것이
우리의 짭짤한 경쟁력입니다!

3. 이번 시리즈, 여행회화는 덤!

이번 시리즈는 문법과 여행회화가
동시에 해결되는 콘셉트로 진행될 것입니다.

이 책에서 배운 것만 가지고도
여행회화가 충분히 해결될 수 있도록
진격할 것이며, 여러분의 유럽어를
귀국길 배낭만큼 빵빵하게 만들어 드릴 것입니다.

Practical, **Useful** *and*
Easy-To-Understand *Lessons!*

For the Smart Device and Mobile User!

Pronunciation Guide
The quickest way for slow learners!

친절한 mp3 청취파일!

대한민국 첫걸음 학습서 역사상 최초로
모든 mp3 파일을 부록 스크립트에서
일련번호로 정리해 제공해드립니다.
이제 필요한 문장만 콕 집어서
찾아 들을 수 있습니다.
스마트 기기에 mp3 파일을 다운로드 하시고
싱싱한 원어민 발음을 즐겨보십시오!

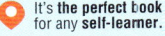 It's **the perfect book**
for any **self-learner.**

Contents

문법을 지배할 자를 위한
초단기 문법완성 차례!

The quickest way for slow learners!

Contents 01

Practical, Useful and Easy-To-Understand Lessons!

Practical, Useful and Easy-To-Understand Lessons!

It's the perfect book for any self-learner. Italian

Practical, Useful and Easy-To-Understand Lessons!

Practical, Useful and Easy-To-Understand Lessons!

Practical, Useful and Easy-To-Understand Lessons!

Practical, Useful and
Easy-To-Understand Lessons!

Contents

뜬금 회화능력자를 위한
생활회화 및 여행회화가
해결되는 차례!

Practical, Useful and Easy-To-Understand Lessons!

Practical, **Useful** and
Easy-To-Understand Lessons!

The quickest way for slow learners!

Contents 05

Practical, Useful and Easy-To-Understand Lessons!

Practical, **Useful** and **Easy-To-Understand** Lessons!

 It's **the perfect book** for any **self-learner.** *Italian*

Practical, Useful and Easy-To-Understand Lessons!

Lezione 20. Multi+plus   258
이탈리아 입국심사 회화 총정리!

Practical, **Useful** and
Easy-To-Understand Lessons!

It's **the perfect book**
for any **self-learner.**   Italian

The best and quickest way
to communicate in a new language!
Learn to understand and speak Languages quickly and easily!

01.
Lezione 01.
우리에게 친숙하고 쉬운 이탈리아어 알파벳! (모음)
Alfabeto (1)
[알파베또] 알파벳 (1)

이탈리아어는 영어와 알파벳이 똑같습니다.
아울러 이탈리아어는 발음이 단순하기 때문에 배우기 쉽습니다.
이번 과에서는 이탈리아어가 우리와 얼마나 친숙한지 확인하면서
이탈리아어 알파벳과 발음법에 대해 알아보겠습니다.

It's the perfect book for any self-learner.   Italian

Alfabeto

It's the perfect book for any self-learner.

From basic greetings and expressions to grammar and conversations!

1-1. 이것이 이탈리아어다!

이탈리아어는 우리와 이미 친합니다.
이탈리아의 풍성한 문화와 장대한 역사의 영향 때문이기도 하지만,
이탈리아어 자체의 쉽고 세련된 발음이 우리를 충분히 매료시키고 있기 때문입니다.
이탈리아어의 알파벳은 영어와 동일합니다. 영어와 같이 총 26자로 이루어져 있고,
그 중 5개가 모음이며 나머지가 자음입니다.
그리고 이 중에 외래어에서 도입된 5개의 철자가 포함되어 있습니다.
이탈리아어의 알파벳 발음은 철자 그대로 읽히기 때문에
영어와 비교할 수 없을 정도로 간단한 발음법을 가지고 있습니다.
자! 그러면 '이게 이탈리아였어?' 하고 놀랄 정도로 친숙한
이탈리아어 단어들을 만나 보겠습니다.

espresso	**cappuccino**
에스프레소	카푸치노
caffè	**latte**
카페	라테
pizza	**pasta**
피자	파스타
spaghetti	**forte**
스파게티	포르테

우리의 일상 깊숙히 자리한 생활 속의 이탈리아어입니다.
손꼽히는 맛의 나라답게 다양한 먹거리가 세계인의 단어로 자리 잡았습니다.
그밖에도 **allegro, piano, soprano** 등 음악에서 쓰이는 용어 대다수가 이탈리아어에서
차용된 것은 물론 패션과 디자인 슈퍼파워를 앞세워 **Gucci, Prada, Ferragamo** 등의
브랜드가 명품의 대표명사가 되었습니다.

It's the perfect book for any self-learner.

1-2. ALFABETO

자! 그러면 이탈리아어 알파벳 (**alfabeto**) [알파베또]와의 첫만남을 가져보겠습니다!
두 번만 찬찬히 읽어보시면, 이탈리아어 알파벳과 발음법의 간결함을 느끼실 수 있습니다.

다음은 이탈리아어 알파벳 읽는 법입니다. [괄호] 안은 우리말 음가입니다.

A a 아 [ㅏ]	**B b** 비 [ㅂ]	**C c** 치 [ㅊ/ㄲ]
D d 디 [ㄷ]	**E e** 에 [ㅔ]	**F f** 에페 [ㅍ]
G g 지 [ㄱ/ㅈ]	**H h** 아까 [묵음]	**I i** 이 [ㅣ]
L l 엘레 [ㄹ]	**M m** 엠메 [ㅁ]	**N n** 엔네 [ㄴ]
O o 오 [ㅗ]	**P p** 삐 [ㅃ]	**Q q** 꾸 [ㄲ]
R r 에레 [ㄹ]	**S s** 에쎄 [ㅅ/ㅆ/ㅈ]	**T t** 띠 [ㅌ/ㄸ]
U u 우 [ㅜ]	**V v** 부 [ㅂ]	**Z z** 제따 [ㅈ/ㅉ]

다음은 외래어에서 유래된 철자 5가지입니다.
원래 이탈리아어에는 없었던 글자라는 것이죠. 이들은 주로 외래어를 표기할 때 사용합니다.

Practical, **Useful** and
Easy-To-Understand Lessons!

From **basic greetings** and **expressions** to **grammar** and **conversations**!

The best and quickest way
to communicate in a new language!
Learn to understand and speak languages quickly and easily!

J j
이롱가 [ㅣ]

K k
깝빠 [ㄲ]

W w
돕삐아부 [ㅂ]

X x
익스 [ㅆ]

Y y
입씰론 [ㅣ]

 ### 1-3. 이보다 쉬울 수 없다, 이탈리아어 발음!

이탈리아어 철자는 영어와 똑같습니다.
알파벳의 이름이 다를 뿐이며, 중요한 것은 [괄호] 안에 있는 우리말 '음가'입니다.
앞에서 볼 수 있듯이 이탈리아어 각각의 알파벳이 지닌 음가는
우리에게 이미 충분히 '예상 가능한' 음가입니다.
상식적인 수준에서 쉽게 유추 가능한 정도라는 것이죠.
이탈리아어는 16개의 자음과 5개의 모음 그리고 외래어를 표기하기 위한
5개의 철자로 이루어져 있습니다.
발음은 일반적으로 자음과 모음이 합쳐져야 가능합니다.
이탈리아어의 발음 규칙을 익히기 위해 첫 번째로 할 일은 이탈리아어의 모음을 알아야 합니다.
지금부터 이탈리아어의 5가지 모음에 대해 학습해 보겠습니다.

 ### 1-4. 이탈리아어 모음 5가지!

이탈리아어는 거의 모든 단어가 모음으로 끝납니다.
그래서인지 단어 단어가 부드럽게 이어집니다.
이탈리아어가 전 세계적으로 사랑받는 이유 중 하나입니다.
이탈리아어 모음의 기본은 **A a** (아), **E e** (에), **I i** (이), **O o** (오), **U u** (우)입니다.
음가 역시 그대로 각각 [ㅏ], [ㅔ], [ㅣ], [ㅗ], [ㅜ]로 발음할 수 있으며,
e 와 **o** 는 개음(열린 소리)과 폐음(닫힌 소리) 2가지 방법으로 발음할 수 있습니다.
그래서 결과적으로 이탈리아어의 모음은 총 7가지 발음이 납니다.

26 Practical, Useful and Easy-To-Understand Lessons!

It's the perfect book for any self-learner. Italian

It's the perfect book for any self-learner.

A a **casa**
[까사] 집

I i **fiori**
[피오리] 꽃

U u **buco**
[부꼬] 구멍

E e **lei**
[레이] (개음) 그녀

E e **sera**
[쎄라] (폐음) 저녁

O o **donna**
[돈나] (개음) 여성

O o **bagno**
[바뇨] (폐음) 화장실

이탈리아어의 모음 **a, i, u** 는 각각 [ㅏ], [ㅣ], [ㅜ]로 있는 그대로 발음이 되는 것을 볼 수 있습니다. 그리고 각각 2개의 음가를 가진 **e** 와 **o** 는 개음일 때는 입을 크게 열어 [ㅔ]와 [ㅗ]로 발음하고, 폐음일 때는 입을 작게 열어 [ㅔ]와 [ㅗ]로 발음을 하게 됩니다.
실제로 개음과 폐음은 구별하기 쉽지 않고, 큰 차이가 없기 때문에
본서에서는 **e** 와 **o** 의 개음과 폐음 발음을 하나로 통일해 [ㅔ]와 [ㅗ]로 표기하겠습니다.

 1-5. 이탈리아어의 복모음!

이탈리아어에는 '모음+모음'으로 이루어진 '이중모음' (**dittongo**),
'모음+모음+모음'으로 이루어진 '삼중모음' (**trittongo**)이 있습니다.
'이중모음, 삼중모음' 역시 지극히 상식적으로 발음되기 때문에 단번에 익힐 수 있습니다.

1) 이탈리아어의 이중모음

이중모음은 '모음+모음'으로 이루어진 것을 말합니다.
그리고 이중모음은 '하나의 음절'로 취급합니다.
이중모음은 **i** 나 **u** 가 다른 모음을 만나서 이루어질 수 있습니다.
예를들어, 모음 **i** 가 다른 모음을 만나면 다음과 같은 이중모음이 됩니다.

ia   **ie**   **io**   **iu**   **ai**   **ei**   **oi**   **ui**
[이야]   [이에]   [이오]   [이우]   [아이]   [에이]   [오이]   [우이]

From **basic greetings** and **expressions** to **grammar** and **conversations**!

모음 **u** 가 다른 모음을 만나면 다음과 같은 이중모음이 됩니다.

ua	**ue**	**ui**	**uo**	**au**	**eu**
[우아]	[우에]	[우이]	[우오]	[아우]	[에우]

이중모음을 지닌 단어에는 다음과 같은 것들이 있습니다.

figlia
[필리아] 딸

figlie
[필리에] 딸들

figlio
[필리오] 아들

tranquillo
[뜨랑뀔로] 평온한

scuola
[스꾸올라] 학교

automobile
[아우또모빌레] 자동차

Europa
[에우로빠] 유럽

guardaroba
[구아르다로바] 옷장

2) 이탈리아어의 삼중모음

'모음+모음+모음'으로 이루어진 삼중모음, 역시 하나의 음절로 취급합니다.
삼중모음에는 다음과 같은 것들이 있습니다.

iei	**iai**	**ioi**	**uai**	**uei**	**uoi**	**iuo**
[이에이]	[이아이]	[이오이]	[우아이]	[우에이]	[우오이]	[이우오]

삼중모음을 지닌 단어들에는 다음과 같은 것들이 있습니다.

miei
[미에이] 나의 것들

guai
[구아이] 역경

suoi
[수오이] 그의 것들

aiuola
[아이우오라] 화단

 1-6. 이탈리아어의 악센트!

이탈리아어의 단어들은 악센트 (**accento**)(`)를 가지고 있습니다.
악센트는 철자상으로 **é, è, ó, ù, à** 처럼 표기될 수도 있고 생략될 수도 있습니다.
일반적으로 악센트는 철자상으로 표기하지 않으며, 이때에는 단어의 끝에서부터 두 번째 모음
에 강세가 올 수 있습니다. 예를 들어 다음의 두 단어에서 강세는 각각 **allegro** 의 뒤에서
두 번째 모음 **e** 와, **piano** 의 뒤에서 두 번째 모음 **a** 에 옵니다.

allegro
[알레그로] 기쁜

piano
[삐아노] 평평한/천천히

반면에 몇몇 단어들은 끝에서 세 번째 모음에 강세를 갖기도 합니다.
이 경우도 마찬가지로 따로 악센트를 표기하지는 않습니다.
다음의 단어들은 각각 **sabato** 의 뒤에서 세 번째 모음 **s** 뒤에 따라오는 **a** 와,
tavola 의 뒤에서 세 번째 모음 즉, **t** 다음에 오는 **a** 에 강세가 있는 경우입니다.

sabato
[사바토] 토요일

tavola
[따볼라] 테이블

위의 두 경우와는 다르게 악센트의 표기가 의무적일 때가 있습니다.
다음과 같이 마지막 모음에 강세가 오는 경우에는 반드시 악센트 표기를 합니다.

università
[우니베르씨따] 대학

caffè
[까페] 커피

그리고 2개의 모음으로 이루어진 이중모음에서 마지막 단어에 강세가 붙는 경우에도 악센트 표
기를 합니다.

più
[삐우] 더

ciò
[초] 그것/저것/이것

Multi Plus

Learn to understand and speak. Languages quickly and easily.

Practical, Useful and
Easy-To-Understand Lessons!

01+.
Lezione 01. Multi+Plus
이탈리아를 아시나요?

앞서 우리는 이탈리아어의 알파벳과 모음 그리고 악센트를 공부했습니다.
이탈리아어 발음규칙을 조금 더 연습하는 시간을 마련했습니다.
이탈리아 출신의 세계적인 인물들의 이름을 가지고 모음을 중심으로 한
이탈리아어 발음규칙을 다시 한번 익혀보겠습니다.

Italian

1-1+. 이탈리아 축구선수!

Azzurri (아주리 : 푸른색) 군단, 이탈리아 축구선수들이 여러분을 찾아옵니다.
다음은 이중모음 **ia, io, ui, ua** 가 들어가 있는 이탈리아 축구선수들의 이름입니다.
보통 이중모음을 이루는 모음들이 빠르게 발음되어서 **i** 와 **a** 이중모음이 마치 [ㅑ]로,
i 와 **o** 이중모음은 마치 [ㅛ]로, **u** 와 **a** 가 [ㅙ]로 발음되는 것처럼 들립니다.

Giacomo Bonaventura
[쟈꼬모 보나벤뚜라]

Gianluigi Buffon
[쟌루이지 부폰]

Giorgio Chiellini
[죠르죠 키엘리니]

Fabio Quagliarella
[파비오 꽐리아렐라]

1-2+. 이탈리아 영화감독!

다음의 영화감독은 1940년대 네오리얼리즘을 발전시킨 이탈리아의 명감독들입니다.
네오리얼리즘은 파시스트 정권의 몰락과 함께 부패정치와의 전쟁,
자유로운 사회비판에 대한 갈망을 표현했습니다.
네오리얼리즘 감독들은 이탈리아에 만연한 실업문제와 빈곤했던 사회 현실을
여과 없이 영화를 통해 보여주었습니다.

Vittorio De Sica
[빗또리오 데 시카]

Roberto Rossellini
[로베르토 로쎌리니]

Luchino Visconti

[루키노 비스콘티]

Federico Fellini

[페데리코 펠리니]

1-3+. 이탈리아 음악가!

클래식의 음악 용어 대부분이 이탈리아어입니다.
allegro [알레그로] (빠르고 경쾌하게), **andante** [안단테] (느리게),
adagio [아다지오] (느리고 평온하게) 등
클래식 용어는 이탈리아어에서 차용한 것이 대부분입니다.
그도 그럴 것이 서양음악이 기독교와 함께 발전했고,
교황청이 위치한 이탈리아에서 수많은 음악가들이 탄생했기 때문입니다.

Ennio Morricone

[엔니오 모리코네]

Antonio Lucio Vivaldi

[안토니오 루치오 비발디]

Giacomo Puccini

[쟈코모 푸치니]

Antonio Bazzini

[안토니오 바찌니]

1-4+. 이탈리아 예술가!

'르네상스'는 이탈리아어로는 **Rinascimento** [리나쉬멘토] (재생/부활)이란 뜻으로,
14세기에 일어났던 문예와 학예의 부흥 운동을 말합니다.

도시국가로 번영했던 베네치아 공화국, 제노바 공화국, 피렌체 공화국 등을 중심으로
르네상스의 시초가 되는 많은 예술가와 작품이 탄생했습니다.

단테의 '신곡', 페트라르카의 '칸초니에레',
레오나르도 다 빈치의 '모나리자'와 '최후의 만찬'
그리고 미켈란젤로의 '천지창조' 등은 이탈리아 르네상스 시대의 정수를 보여주는
대표적인 작품입니다.

Dante Alighieri
[단테 알리기에리]

Francesco Petrarca
[프란체스코 페트라르카]

Leonardo da Vinci
[레오나르도 다 빈치]

Michelangelo Buonarroti
[미켈란젤로 부오나로티]

The quick and quick way
to communicate in a new language!
Learn to understand and speak languages quickly and easily!

Alfabeto

It's the perfect book for any self-learner.

Practical, Useful and
Easy-To-Understand Lessons!

02.
Lezione 02.
우리에게 친숙하고 쉬운 이탈리아어 알파벳! (자음)
Alfabeto (2)

[알파베또] 알파벳 (2)

이탈리아어 자음 발음 역시 모음과 마찬가지로 상당히 쉽습니다.
대부분 철자가 쓰인 그대로 읽으면 됩니다.
몇 가지의 발음규칙만 신경쓰면 됩니다.
자! 그러면 알파벳 순서대로 자음발음을 알아보겠습니다.

Practical, **Useful** and
Easy-To-Understand Lessons!

 ## 2-1. 이탈리아어는 토스카나 방언이다!

우리는 지금 '표준 이탈리아어'를 배우고 있습니다.
표준 이탈리아어는 1300년대 **Toscana** (토스카나) 지방에서 사용하던 구어체 라틴어에서
기원했습니다. 이탈리아 중부의 토스카나 지방은 **Firenze** (피렌체)가 주요 도시였기에
피렌체에서 쓰였던 방언이 현재 이탈리아어의 기원이 된 것입니다. 왜 로마가 아니고 하필 피렌
체인가 하면, 당대 최고의 지성이었던 **Dante Alighieri** (단테), **Francesco Petrarca**
(페트라르카), **Giovanni Boccaccio** (보카치오) 등의 문학 작품을 토스카나 방언으로 썼고,
널리 전파되면서 점차 이탈리아 전 지역에서 토스카나 방언의 영향력이 확대되었기
때문입니다. 그럼에도 불구하고 이탈리아는 아주 오랫동안 분리된 국가였고, 통일이 된지도
100년 정도밖에 되지 않았기 때문에 아직까지 수많은 방언이 존재하고, 구어체에선 표준어보다
방언을 더 많이 사용하고 있습니다. 이 때문에 표준 이탈리아어를 학습한 외국인들이 처음
이탈리아에 도착하면, 빈번하게 쓰이는 방언으로 다소의 당혹감을 겪기도 합니다.

 ## 2-2. 있는 그대로의 이탈리아어 자음들!

먼저 아주 간단한, 있는 그대로 소리 나는 이탈리아어 자음들을 소개하겠습니다.
알파벳 **b** (비), **d** (디), **f** (에페)는 철자 그대로 발음합니다.

biblioteca
[비블리오떼까] 도서관

domenica
[도메니까] 일요일

fratello
[프라뗄로] 형제

l (엘레), **m** (엠메), **n** (엔네), **p** (뻬), **q** (꾸), **r** (에레) 또한 철자 그대로 발음합니다.
단! **l** (엘레)와 **r** (에레)는 본교재에서 우리말 발음을 [ㄹ]로 표기하고 있지만
영어처럼 발음이 구분되어야 합니다.
l (엘레)를 발음할 때는 혀끝을 입천장에 댄다는 느낌으로 발음하고,
r (에레)의 경우는 혀끝을 목구멍에서 굴린다는 느낌으로 발음해주세요.
p (뻬)와 **q** (꾸)는 약간 된발음으로 영어보다 세게 발음한다고 생각하시면 됩니다.

luna

[루나] 달

museo

[무세오] 박물관

Napoli

[나폴리] 나폴리

Parigi

[파리지] 파리

quadro

[꾸아드로] 그림

Roma

[로마] 로마

그리고 **t** (띠), **v** (부), **z** (제따) 또한 그대로 발음하면 되지만,
t 는 다소 된소리로 [ㅌ]보다는 [ㄸ]에 가깝게, **v** 는 영어의 **v** 발음에 가깝게,
그리고 **z** 도 [ㅊ]과 [ㅉ] 사의의 소리로 생각하고 발음해주십시오.

televisione

[뗄레비지오네] TV

Venezia

[베네쩨아] 베니스

zio

[쩨오] 삼촌

 ## 2-3. 소리 없는 이탈리아어의 **h**

이탈리아어의 알파벳 **h** (아까)는 묵음입니다.
그래서 외래어인 '햄버거'를 '암부르게르'라고 합니다.

hamburger

[암부르게르] 햄버거

 ## 2-4. 주의가 필요한 이탈리아어 자음 **c**

알파벳 **c** (치)는 주의해야 할 몇 가지 규칙이 있습니다.
알파벳 **c** (치)가 **h** (아까)와 만나서 모음 **e** (에)나 **i** (이)와 함께 쓰이면 [ㄲ]으로 발음됩니다.
즉 **che** 는 [께]로 **chi** 는 [끼]로 발음합니다.

che

[께] 무엇

chiesa

[끼에자] 교회

From **basic greetings** and **expressions** to grammar and conversations!

그리고 알파벳 **c** (치) 다음에 바로 모음이 올 경우,
어떤 모음이 오느냐에 따라서 [ㄲ]이나 [치]으로 발음됩니다.
즉 **c** 뒤에 모음 **e** 나 **i** 가 오게 되면 [치]으로 발음이 됩니다.
그러니까 **ce** 는 [체]로 **ci** 는 [치]로 발음됩니다.

cena
[체나] 저녁식사

cimitero
[치미떼로] 공동묘지

아울러 **c** (치) 다음에 모음 **i** (이)가 오고 이어서 모음 **a** (아)나 **o** (오), **u** (우)가
따라와서 이중모음이 될 경우에는 각각 **cia** [챠], **cio** [쵸], **ciu** [츄]로 발음합니다.

ciabatta
[챠바따] 치아바타

cioccolato
[쵸꼴라또] 초콜릿

ciuccio
[츄쵸] 멍청이

위의 경우를 제외한 나머지 철자들이 **c** (치) 뒤에 올 경우에는 [ㄲ]과 [ㅋ] 사이의 음으로
발음하면 됩니다. 본교재에서는 편의상 [ㄲ]과 [ㅋ] 사이의 발음을 [ㄲ]으로 표기했습니다.

casa
[까사] 집

cravatta
[끄라바따] 넥타이

 ## 2-5. 이탈리아어의 다양한 **g**

알파벳 **g** (지)는 뒤에 오는 철자에 따라 [ㄱ], [지], [ㄹ], [ㄴ] 4가지 형태로 발음됩니다.
우선 [ㄱ]으로 발음되는 경우는 알파벳 **g** 다음에 **h** (아까)가 오는 경우입니다.
g 와 **h** 가 함께 쓰일 때는 뒤에 모음 **e** 나 **i** 가 올 수 있는데 **ghe** 와 **ghi** 는 각각 [게]와 [기]로 발음
합니다.

ghetto
[게또] 유대인 거주 지역

ghiaccio
[기앗치오] 얼음

알파벳 **g** 가 [ㅈ]으로 발음되는 경우는 뒤에 모음 **e** 나 **i** 가 올 때입니다.
ge 와 **gi** 는 각각 [제]와 [지]로 발음합니다.

gelato
[젤라또] 아이스크림

gigante
[지간떼] 거대한

g 다음에 이중모음 **ia, io, iu** 가 올 경우도 [ㅈ]으로 발음합니다.
따라서 **gia** [쟈], **gio** [죠], **giu** [쥬] 로 각각 발음됩니다.

già
[쟈] 이미

giornale
[죠르날레] 신문

giù
[쥬] 아래에

g 뒤에 자음 **l** (엘레)나 **n** (엔네)가 오는 경우, 이때 **g** 는 뒤에 오는 자음발음에 영향을 받아서
gli 는 [리]로 **gno** 는 [뇨]로 발음이 변합니다. **gli** 다음에는 모음 **a, e, o** 가 올 수 있는데
glia [리아], **glie** [리에], **glio** [리오]로 각각 발음됩니다.

figlia
[필리아] 딸

figlio
[필리오] 아들

figlie
[필리에] 딸들

gnocchi
[뇨끼] 뇨키 (이탈리아 전통요리)

앞의 경우를 제외한 나머지 철자들이 **g** 다음에 올 경우에는 다음처럼 [ㄱ] 발음입니다.

gabbiano
[갑비아노] 갈매기

gorilla
[고릴라] 고릴라

 ## 2-6. 이탈리아어의 다양한 s

알파벳 **s** (에쎄)는 [시]이나 [지]으로 발음이 될 수 있습니다.
일반적으로 **s** 가 단어 처음에 나오고 그 뒤에 모음이나 무성자음이 따라오는 경우
[시]으로 발음합니다. 그리고 단어 마지막에 쓰일 때도 [시]으로 발음이 됩니다.

sabato	**scuola**	**gas**
[사바토] 토요일	[스꾸올라] 학교	[가스] 가스

반면에 **s** 뒤에 유성자음이 오게 되면 [지]으로 발음합니다.

sveglia
[즈벨리아] 자명종

이탈리아어는 방언이 매우 발달된 언어입니다.
그래서 지역에 따라 발음규칙이 많이 다른데 특히 **s** 가 그렇습니다.
s 가 모음과 모음 사이에 올 경우 이탈리아 북부에서는 [지] 발음이고,
중-남부지방에서는 [시]으로 그리고 토스카나 지방에서는 경우에 따라 두 가지 발음 모두로 하고
있습니다. 예를 들어 이탈리아어로 '집'이라는 뜻의 단어는 북부지방의 발음규칙을 따르면
[까자], 중남부의 규칙을 따르면 [까사]가 됩니다.

casa
[까자/까사] 집

마지막으로 **s** 가 자음 **c** 와 함께 쓰이면 [쉬] 발음이 납니다. 보통 **sc** 다음에 모음 **e** 나 **i** 가 오는
경우 혹은 **sci** 다음에 모음 **a** 나 **o, u** 가 오는 경우가 이에 해당합니다.

scegliere	**sciare**
[쉘리에레] 선택하다	[쉬아레] 스키 타다

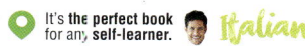

scioperò
[쇼뻬로] 파업

sciupare
[슈빠레] 망치다

sc 다음에 그밖의 모음 **a** 나 **o**, **u** 가 오는 경우, 즉 **sca**, **sco**, **scu** 는 각각 [스까], [스꼬], [스꾸]로 철자 그대로 발음합니다.

scatola
[스까똘라] 상자

scodella
[스꼬델라] 수프 접시

scuola
[스꾸올라] 학교

 ## 2-7. 이탈리아어의 이중자음!

이탈리아어는 다음과 같이 똑같은 자음이 두 개 연달아 쓰일 수 있습니다.
이럴 땐 발음을 세게 하면 됩니다.
bb, cc, cch, dd, ff, gg, ggh, ll, mm, nn, pp, qq, rr, ss, tt, vv, zz

immigrante
[임미그란떼] 이민자

concetto
[꼰쳇또] 개념

pizza
[삣짜] 피자

 ## 2-8. 이탈리아어의 외래어 도입 철자!

외래어 도입 철자 **j** (이룽가), **k** (깝빠), **x** (익스), **y** (입실론), **w** (돕삐아부)는 외래어를 표기할 때 사용합니다. 다시 말해 이 5가지 철자들로 이루어진 단어들은 외국에서 유입된 단어라는 뜻입니다. 이들 철자들은 각각 [ㅣ], [ㄲ], [ㅆ], [ㅣ], [ㅂ]으로 발음될 수 있습니다.

Juventus
[유벤투스] 유벤투스

Kazan
[까잔] 카잔

Xi'an
[씨안] 서안

yogurt
[요구르트] 요구르트

From basic greetings and expressions to grammar and conversations!

multi plus

Learn to understand and speak Languages quickly and easily!

42

02+.
Lezione 02. Multi+Plus
인사표현으로 완성하는 이탈리아어 발음법!

이번 파트에서는 이탈리아어 인사표현을 통해 발음규칙을 복습하는 시간을 준비했습니다. 일상에서 자주 사용하는 이탈리아어의 대표적인 인사표현을 통해 이탈리아어와 좀 더 친해질 수 있을 것입니다.

Italian

2-1+. Best of Best 이탈리아어 인사표현!

이탈리아어 회화에서 가장 기본적인 것이 인사표현입니다.
대화의 시작과 끝은 항상 인사말로 이루어지기 때문입니다.
다음은 이탈리아에서 가장 많이 쓰이는 인사표현입니다.
학습하신 발음규칙을 생각하며 멋지게 인사를 전해보세요!

Buon giorno!
[부온 죠르노!] 안녕하세요! (아침 인사)

: 보통 오전부터 오후 2~3시까지 사용할 수 있습니다.

Buon pomeriggio!
[부온 뽀메릿죠!] 안녕하세요! (오후 인사)

Buona sera!
[부오나 쎄라!] 안녕하세요! (저녁 인사)

: 오후 3~4시부터 저녁까지 사용합니다.

Buona notte!
[부오나 노떼!] 좋은 밤 되세요! (밤 인사)

: 밤에 헤어질 때, 잠자러 갈 때 사용합니다.

앞의 인사말들은 **buono** [부오노] '좋은'이라는 형용사가 각각 **giorno** [죠르노] (날),
pomeriggio [뽀메릿죠] (오후), **sera** [쎄라] (저녁), **notte** [노떼] (밤)이라는
명사 앞에 붙어 수식을 하여 만들어진 표현들입니다.
영어의 **Good morning! / Good afternoon! / Good evening!** 등과
매우 닮았음을 알 수 있습니다.

Practical, **Useful** and
Easy-To-Understand Lessons!

The best and quickest way to communicate in a new language!

Learn to understand and speak Languages quickly and easily!

2-2+. **buono** 가 들어있는 '좋은' 이탈리아어 표현!

buono 는 형용사로 '좋은'이란 뜻의 단어입니다.
앞의 인사말처럼 뒤따라 오는 명사의 성이 어떻게 되느냐에 따라서
buon 이나 **buona** 등으로 그 어미가 달라지게 됩니다.
명사의 성수에 따른 형용사의 변환규칙에 관해서는 차차 배우기로 하고
이번 과에서는 형용사 **buono** 가 들어간 다양한 표현들에 대해 학습해보겠습니다.

Buon appetito!
[부온 아뻬띠또!] 맛있게 드세요! (맛있게 먹겠습니다!)

: 식사 전에 하는 인사말입니다. 내가 식사를 하지 않더라도 누군가가 식사를 하고 있는
모습을 보면 '맛있게 먹어라!'라는 뜻으로 사용해도 됩니다.

Buon lavoro!
[부온 라보로!] 일 잘해!

Buon viaggio!
[부온 비앗지오!] 여행 잘해!

: 형용사인 **buono** 다음에 **lavoro** [라보로] (일), **viaggio** [비앗지오] (여행) 등의 명사가 오면
'~을 잘해라'는 뜻의 기원을 나타냅니다.

Buona serata!
[부오나 쎄라따!] 좋은 저녁시간 보내!

Buon fine settimana!
[부온 피네 쎄띠마나!] 좋은 주말 보내!

이 밖에도 하루 중 오전 오후를 나타내는 단어 **giornata** [죠르나따 (오전), **serata** [쎄라따]
(저녁), 혹은 **fine settimana** [피네 쎄띠마나] (주말), **domenica** [도메니까] (일요일) 등의
단어 앞에 쓰여 다양한 인사말 표현을 할 수 있습니다.

2-3+. 기막힌 한 단어 이탈리아어 표현!

달랑 한 단어로 상황이 깔끔하게 해결되는 고마운 표현들이 있습니다.
간단해서 더욱 애용되는 표현들이죠.

Salute!
[살루떼!] 건강하세요!

옆에 누군가가 기침을 하면 **Salute!** 라고 말하여 건강을 기원하는 방법으로 쓰입니다.

Forza!
[포르짜!] 파이팅!

forza (힘)이라는 단어는 '힘내!' 혹은 '파이팅!'으로 사용할 수 있습니다.

Scusi.
[스꾸지] 실례합니다.

미안할 때, 실례를 했을 때, 상점에 들어가면서, 점원을 찾을 때 등
여러모로 활용 가능한 표현입니다.

Ciao!
[챠오!] 안녕!

친한 사이에 쓸 수 있는 인사말입니다. 만남과 헤어짐 두 경우 모두에 쓸 수 있습니다.

Arrivederci.
[아리베데르치] 안녕히 계세요. / 안녕히 가세요.

헤어질 때의 인사표현입니다. **Ciao!** 보다는 좀 더 정중한 표현으로 볼 수 있습니다.

The best and quickest way
to communicate in a new language!
Learn to understand and speak Languages quickly and easily!

POSITIS. SIGNIS. ET. ANA

GLYPHIS TA

IVSSV CLE

03.
Lezione 03.

진짜 초보 학습자를 위한 특별한 이탈리아어 오리엔테이션!
italiano

[이딸리아노] 이탈리아어

이번 과는 과연 이탈리아어는 어떻게 생겼는지 한눈에 살펴보는 시간입니다.
5가지 예문을 통해서 이탈리아어의 결정적 특징을 만나게 될 것입니다.
학습자 여러분이 부담스럽지 않게 이탈리아어의 특징에 다가갈 수 있도록
영어와 우리말과 비교하여 간단하게 설명드리겠습니다.
본격적인 이탈리아어 문법공부에 앞선 워밍업이라고 할 수 있겠습니다.

Italian

italiano

Practical, Useful and
Easy-To-Understand Lessons!

It's the perfect book for any self-learner.

From basic greetings and expressions to grammar and conversations!

From basic greetings
and expressions
to grammar and conversations!
Learn to understand and speak Languages quickly and easily!

 # 이탈리아어와 급친해지는 결정적 5문장!

본격적인 이탈리아어 학습에 앞서, '이탈리아어'라는 언어의 특징을
한눈에 살펴볼 수 있는 코너를 마련했습니다.
자! 그래서 이탈리아어와 친해질 수 있는 결정적 5문장을 소개합니다.
'아, 이탈리아어는 이렇구나!' 정도로 가볍게 읽어 주십시오.

 ## 3-1. 이탈리아어, 영어와 닮았다!

This   is   an   apple.

Questa   è   una   mela.
[꾸에스따 에 우나 멜라.]
이것은 하나의 사과입니다.

이탈리아어는 영어와 많이 닮았습니다.
예문처럼 이탈리아어의 어순은 영어의 어순과 거의 같습니다.
'주어 + 서술어 + 보어'로 이루어진 위의 두 문장은 이탈리아어의 어순이
전혀 낯설지 않다는 것을 보여줍니다.

우선 문장의 구성성분을 보면 영어의 **this** 에 해당하는 지시대명사 **questa** 가 '주어' 역할을
하며 영어의 **is** 에 해당하는 단어 **è** 가 '서술어'의 역할을 하고 있습니다.
그리고 보어는 '부정관사 + 명사'의 결합인 영어의 **an apple** 이 부정관사 **una** 와 명사 **mela** 로
구성된 것을 볼 수 있습니다.

이탈리아어의 동사 **è** 는 영어의 **is** 와 같은 3인칭단수형입니다.
영어의 **be** 동사와 같은 것이 이탈리아어의 **essere** 동사입니다.
questa 가 3인칭단수형 주어이기 때문에 동사가 3인칭단수 형태로 변한 것입니다.

다음은 영어의 **apple** 에 해당하는 이탈리아어 **mela** 입니다.
명사 앞에는 관사가 위치하는데 예문의 경우 부정관사가 자리하고 있습니다.
영어의 부정관사 **a(an)**에 해당하는 것이 이탈리아어의 **un / una** 입니다.
영어의 부정관사는 발음에 따라 달라지지만 이탈리아어는 명사의 성과 수에 따라 다릅니다.
그 이유는 이탈리아어의 모든 명사는 남성 또는 여성명사로 구분되기 때문입니다.
여기에서는 **mela** (사과)가 여성명사이기 때문에 부정관사 **una** 를 사용한 것입니다.

그래서 이탈리아어와 친해지는데 결정적으로 중요한 첫 번째 특징의 '3줄요약'은!

이탈리아어의 어순은 영어와 닮았다!
이탈리아어 동사는 인칭에 따라 모양이 다르다!
이탈리아어 명사는 성이 있고, 관사는 성에 따라 모양이 다르다!

 3-2. 이탈리아어, 살아있네!

I	learn	Italian.
Io	**imparo**	**l'italiano.**

[이오 임빠로 리딸리아노.]
나는 이탈리아어를 배웁니다.

이번에는 동사를 좀 더 살펴보겠습니다.

예문에서 동사 **imparo** 는 동사원형 **imparare** [임빠라레] (배우다)의 1인칭단수형입니다.
주어 **io** (나)에 맞춰 동사를 직설법 현재 1인칭단수 형태로 변화시킨 것입니다.

이탈리아어의 동사는 어간과 어미로 이루어져 있습니다.
이탈리아어는 어미가 **-are / -ere / -ire** 로 끝나는 3가지 타입의 동사가 있는데,
규칙형 동사일 경우 주어의 인칭에 따라서 동사의 어미가 변합니다.
(불규칙 동사일 경우에는 어간과 어미가 다 변합니다.)

따라서 주어가 될 수 있는 6가지 인칭(나, 너, 그/그녀, 우리, 너희, 그들)에 따라서
동사는 6가지의 형태로 변하게 됩니다. 정해진 규칙대로 변하기 때문에 까다롭지 않으며,
이탈리아어 동사의 85%가 규칙형이기 때문에 불규칙형 동사만 주의해서 학습하면 됩니다.

그래서 이탈리아어와 친해지는데 결정적으로 중요한 두 번째 특징의 '3줄요약'은!

이탈리아어 동사는 주어의 인칭에 따라 6가지 형태로 변한다!
이탈리아어 동사의 대부분은 규칙적인 변화를 한다!
일부 이탈리아어 불규칙동사는 주의가 필요하다!

 ## 3-3. 친숙한 이탈리아어 어순!

The man   gives   them a   ball.

L'uomo   dà   loro una palla.
[루오모 다 로로 우나 빨라.]
그 남자는 그들에게 공 하나를 줍니다.

이번에는 이탈리아어의 어순입니다.

이탈리아어는 기본적으로 영어와 어순이 같아서 그리 낯설지 않습니다.
(주어 + 동사 + 보어 ….)

영어처럼 이탈리아어도 목적어의 유무에 따라 타동사와 자동사로 구분될 수 있습니다.
타동사의 경우 동사 다음에 목적어가 위치합니다.
그리고 동사 **dare** [다레] (주다)와 같은 수여동사(~에게 ~을 주다) 계열은
'간접목적어(~에게) + 직접목적어 (~을)'의 어순입니다.
이때 간접목적격 대명사 **loro** (그들에게)와 직접목적격 명사 **una palla** (하나의 공을)이 차례로
위치합니다.

그래서 이탈리아어와 친해지는데 결정적으로 중요한 세 번째 특징의 '3줄요약'은!

이탈리아어의 어순은 영어와 같다!
이탈리아어 동사는 자동사/타동사로 구분할 수 있다!
이탈리아어의 어순은 '간접목적어 + 직접목적어' 이다!

 ## 3-4. 이탈리아어, 참~ 꼼꼼하다!

She   is   a   beautiful   woman.
Lei   è   una   bella   donna.
[레이 에 우나 벨라 돈나.]
그녀는 아름다운 여자입니다.

이번에는 이탈리아어 성수일치에 대해 알아보겠습니다.

Practical, **Useful** and
Easy-To-Understand Lessons!

From **basic greetings** and **expressions** to **grammar** and **conversations!**

이탈리아어 명사는 '성수'를 따집니다.
즉, 이탈리아어 명사는 남성형과 여성형으로 성별이 나뉘고,
단수 또는 복수로 수가 분류됩니다. 이를 위해 명사 앞에서 명사의 성과 수를
규정하는 관사(정관사/부정관사)가 종류별로 존재합니다.
때문에 이탈리아어는 성수에 맞게 관사를 사용합니다.

영어는 명사의 성을 구분하지 않기 때문에 부정관사 **a** 형태만이 있습니다.
(영어의 **an** 은 발음 상의 차이로 존재하는 경우)
반면에 이탈리아어는 명사가 여성인지 남성인지에 따라서 **un, una** 등의 부정관사가 있습니다.

그리고 조금 더 자세히 살펴보면 이탈리아어 형용사의 특징이 보입니다.
이탈리아어는 관사와 명사 사이에 위치하면서 명사를 수식하는 형용사 또한
명사의 성수에 일치시켜야 한다는 것입니다.
그래서 이탈리아어 형용사는 마지막 모음이 명사의 성수에 따라
남성 단수면 **-o**, 남성 복수면 **-i**, 여성 단수면 **-a**, 여성 복수면 **-e** 로 변하게 됩니다.

그래서 이탈리아어와 친해지는데 결정적으로 중요한 네 번째 특징의 '3줄요약'은!

이탈리아어 명사는 남성/여성, 단수/복수로 구분된다!
이탈리아어 관사는 주어의 성수에 일치시켜야 한다!
이탈리아어 형용사 또한 명사의 성수에 일치시켜야 한다!

Practical, **Useful** and
Easy-To-Understand Lessons!

52

 ## 3-5. 참 쉬운 이탈리아어 부정문과 의문문!

She	is not (isn't)		a	beautiful	woman.
Isn't	she		a	beautiful	woman?

Lei	non è		una	bella	donna.
Lei	non è		una	bella	donna?

[레이 논 에 우나 벨라 돈나 /?]
그녀는 아름다운 여자가 아닙니다./아닙니까?

이탈리아어에서 부정문을 만들 때는 부정부사 **non** [논] (아니다)를 주어와 동사 사이에 첨가하면 됩니다. 위의 예문에서는 주어가 **Lei** 이고 동사가 **è** 이기 때문에 이들 사이에 **non** 이 위치했습니다.

이탈리아어로 의문문을 만드는 방법은 더욱 간단합니다. 평서문 어순에서 마지막 단어 끝을 살짝 올려 읽으면 되기 때문입니다. 영어는 주어와 동사의 어순이 바뀌지만 이탈리아어는 그럴 필요가 없다는 점을 함께 기억해두세요!

그래서 이탈리아어와 친해지는데 결정적으로 중요한 다섯 번째 특징의 '3줄요약'은!

이탈리아어 부정문을 만들 때는 부정부사 non 을 사용한다!
이탈리아어 부정문은 non 이 주어와 동사 사이에 위치한다!
이탈리아어 의문문은 평서문의 어순과 같다!

이상의 5가지 결정적 문장은 이탈리아어를 가장 특징적으로 보여주고 있습니다. 학습자 여러분께서는 이상의 특징만 이해하셔도 이탈리아어 학습의 절반 이상을 성공했다고 보셔도 좋습니다.
자! 그러면 본격적인 이탈리아어 학습의 장으로 들어가 보겠습니다!

From basic greetings and expressions to grammar and conversations!

Multi Plus

Learn to understand and speak Languages quickly and easily!

Practical, **Useful** and
Easy-To-Understand Lessons!

03+.
Lezione 03. Multi+Plus
이탈리아어 여행 준비 0순위는 '숫자읽기'다!

숫자로는 시간표현을 할 수도 있고 전화번호, 게이트 등을 표현할 수도 있습니다.
그리고 무엇보다도 쇼핑할 때 숫자는 필수적이라 할 수 있습니다.
이탈리아에서의 생활과 여행의 열쇠, 숫자를 시작해 보겠습니다.

It's the perfect book
for any self-learner!

Italian

3-1+. 이탈리아어 숫자 0에서 16까지!

이탈리아어 숫자는 0에서 16까지만 알면 나머지는 규칙에 따라 '숫자 조합'
(예를 들어 17을 10+7의 조합으로 읽는 방법)을 해서 읽어나갈 수 있습니다.

0 zero	[제로]	1 uno	[우노]
2 due	[두에]	3 tre	[뜨레]
4 quattro	[꾸아뜨로]	5 cinque	[친께]
6 sei	[쎄이]	7 sette	[쎄떼]
8 otto	[오또]	9 nove	[노베]
10 dieci	[디에치]	11 undici	[운디치]
12 dodici	[도디치]	13 tredici	[뜨레디치]
14 quattordici	[꽈또르디치]	15 quindici	[뀐디치]
16 sedici	[쎄디치]		

3-2+. 이탈리아어 숫자 17에서 19까지!

다음은 17부터 19까지입니다.
여기부터는 10+7/8/9 방식으로 숫자가 만들어집니다.

17 diciassette	[디치아쎄떼]	18 diciotto	[디쵸또]
19 diciannove	[디치안노베]		

숫자 10을 뜻하는 **dici** [디치]에 모음으로 시작하는 숫자가 오면 그대로 써주면 되고,
자음으로 시작하는 숫자가 오면 **dici** 다음에 모음 **a** 를 붙이고,
뒤따라 오는 숫자의 자음을 반복해서 써주면 됩니다.

Practical **Useful** and
Easy-To-Understand Lessons!

The best and quickest way
to communicate
in a new language!
Learn to understand
and speak Languages
quickly and easily!

3-3+. 이탈리아어 숫자 20부터 29까지!

이번에는 20부터 29까지 달려보겠습니다.
20부터 99까지 숫자를 만드는 방식은 '십 단위+일 단위'입니다.
20에서 29까지의 숫자 규칙을 바탕으로 30에서 99까지 읽을 수 있습니다.

20 venti	[벤띠]	**21 ventuno**	[벤뚜노]
22 ventidue	[벤띠두에]	**23 ventitré**	[벤띠뜨레]
24 ventiquattro	[벤띠꾸아뜨로]	**25 venticinque**	[벤띠친꿰]
26 ventisei	[벤띠쎄이]	**27 ventisette**	[벤띠쎄떼]
28 ventotto	[벤또또]	**29 ventinove**	[벤띠노베]

위의 숫자읽기에서 볼 수 있듯이 십 단위 숫자 + 일 단위 숫자 조합으로 20이후부터 숫자가
구성됩니다. 주의해야 할 점은 **uno** 나 **otto** 처럼 모음으로 시작하는 일 단위 숫자가 **venti** 와
결합을 하면 **venti** 의 마지막 모음 **i** 가 생략된다는 점입니다.
이와 같은 숫자읽기 규칙은 30에서 99까지 이어집니다.
자, 그러면 십 단위 숫자에 대해서 알아볼까요?

30 trenta	[뜨렌따]	**40 quaranta**	[꾸아란따]
50 cinquanta	[친꾸안따]	**60 sessanta**	[세싼따]
70 settanta	[세딴따]	**80 ottanta**	[오딴따]
90 novanta	[노반따]		

3-4+. 그 밖의 이탈리아어 숫자!

다음은 100부터 시작합니다.

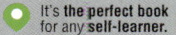

100 cento [첸또]		**110 centodieci** [첸또디에치]	
124 centoventiquattro [첸또벤띠꾸아뜨로]		**192 centonovantadue** [첸또노반따두에]	

백 단위 숫자를 읽을 때는 '백+십+일' 단위 순서로 읽으면 됩니다.
주의해야 할 점은 이탈리아어는 숫자를 철자로 표기할 때 띄어쓰기하지 않습니다.
자! 그러면 더 많은 숫자를 만나 볼까요?
백 단위 숫자들은 **cento** 앞에 일 단위 숫자를 붙여서 표현합니다.

200 duecento [두에첸또]		**300 trecento** [뜨레첸또]	
400 quattrocento [꾸아뜨로첸또]		**500 cinquecento** [친꿰첸또]	
600 seicento [쎄이첸또]		**700 settecento** [쎄떼첸또]	
800 ottocento [오또첸또]		**900 novecento** [노베첸또]	

이제는 천, 만, 억 단위에 대해 알아보겠습니다.

1000 mile [밀레]		**1110 milecentodieci** [밀레첸또디에치]	
2000 duemila [두에밀라]		**3000 tremila** [뜨레밀라]	
10.000 diecimila [디에치밀라]		**100.000 centomila** [첸또밀라]	
1000.000 un milione [운 밀리오네]		**2000.000 duemilioni** [두에밀리오니]	
1.000.000.000 un miliardo [운 밀리아르도]			

백 단위부터 숫자읽기는 규칙을 따르지만 몇 가지 예외가 있습니다.
1천 **mile** 는 2천 이상부터 **mila** 로 바뀝니다. 그리고 1백만은 **milione** 앞에 **un** 을 붙이고,
2백만부터는 **milioni** 로 마지막 모음이 변합니다. 1십억 **miliardo** 도 마찬가지로
앞에 **un** 이 붙고, 2십억부터는 **miliardi** 로 마지막 모음이 변합니다.

숫자만 듣고 말할 수 있어도 이탈리아 여행의 절반은 성공입니다.
예약 날짜, 금액, 시간표, 주소까지 숫자가 안 들어간 곳이 없으니까요. ^_^

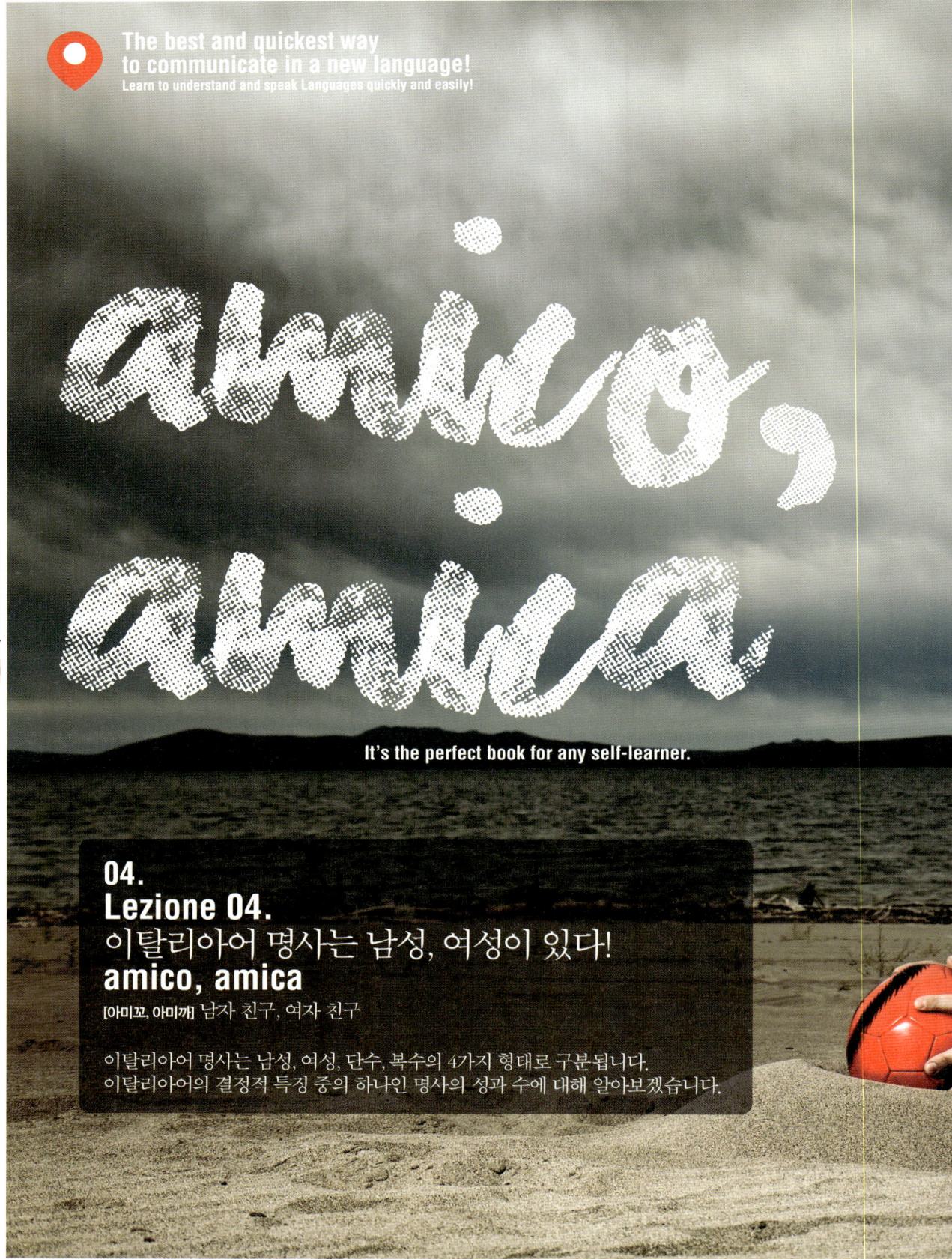

The best and quickest way
to communicate in a new language!
Learn to understand and speak Languages quickly and easily!

amico, amica

It's the perfect book for any self-learner.

04.
Lezione 04.
이탈리아어 명사는 남성, 여성이 있다!
amico, amica

[아미꼬, 아미까] 남자 친구, 여자 친구

이탈리아어 명사는 남성, 여성, 단수, 복수의 4가지 형태로 구분됩니다.
이탈리아어의 결정적 특징 중의 하나인 명사의 성과 수에 대해 알아보겠습니다.

Practical, **Useful** and
Easy-To-Understand Lessons!

From basic **greetings** and **expressions** to **grammar** and **conversations!**

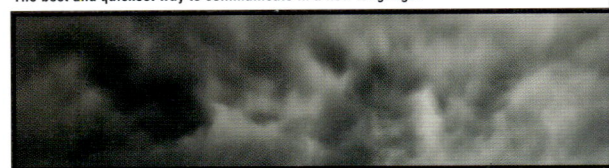

The best and quickest way to communicate in a new language!

Learn to understand and speak Languages quickly and easily!

4-1. 유럽 문화의 중심 이탈리아!

이탈리아는 서구의 중심입니다.
북쪽으로는 프랑스, 스위스, 오스트리아, 슬로베니아와 국경을 이루고 있고,
남쪽으로는 아프리카 대륙과 중동 지역까지 바다를 끼고 연결되어 있습니다.
때문에 이민족의 침입과 지배를 많이 받기도 했지만, 다양한 문화가 유입되기도 했습니다.
이렇게 탄생한 고대 로마 제국은 서구문명에 엄청난 영향력을 발휘하였고,
이탈리아의 저력은 유럽문화에 지대한 영향을 끼친 **rinascimento** (르네상스)로 이어졌습니다.
이탈리아 반도의 역사는 이탈리아 민족에도 많은 영향을 끼쳤습니다.
북부는 게르만족의 지배를 받았었기 때문에 키가 크고 금발의 백인이 많지만,
반면 남부는 그리스와 동고트족, 아랍인들의 지배를 받았었기
때문에 머리도 갈색이고 백인과 아랍인의 혼혈이 많습니다.
문화적으로도 스위스나 오스트리아의 영향을 받아 북부 사람들이
좀 더 근면하다는 인식이 있습니다.

Practical, Useful and
Easy-To-Understand Lessons!

4-2. 이탈리아어의 명사는 성에 따라 구분된다!

이탈리아어 명사에는 영어와 우리말에 없는 '성과 수'라는 개념이 있습니다.
다시 말해 모든 명사는 각각 여성이나 남성명사로 구분될 수 있고, 단수인지 복수인지에 따라 단
어의 어미가 달라집니다. 보통 여성명사는 모음 **-a** 로 끝나고, 남성명사는 모음 **-o** 로 끝납니다.
예를 들어 '집'이란 뜻의 명사 **casa** [까사]는 단어의 마지막 모음이 **-a** 로 끝난 '여성명사'입니다.
그리고 '책'이란 뜻의 명사 **libro** [리브로]는 단어의 마지막 모음이 **-o** 로 끝난 '남성명사'입니다.

아울러 우리말에서는 명사의 복수를 나타낼 때 '들'이라는 접미사를 붙입니다.
그리고 영어에서는 단어 마지막에 **-s** 나 **-es** 를 붙여 복수를 만듭니다.
이탈리아어의 경우 명사의 복수형을 만들 때 단어의 어미가 변합니다.

예를 들어 여성단수명사 **casa** 는 어미가 **-e** 로 바뀌어 **case** [까제]가 되고,
남성단수명사 **libro** 는 어미 **-o** 가 **-i** 로 바뀌어 **libri** [리브리]가 되는 방식입니다.
이탈리아어 명사의 성수 구분은 이탈리아어의 핵심입니다.

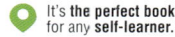 It's the perfect book for any self-learner.  Italian

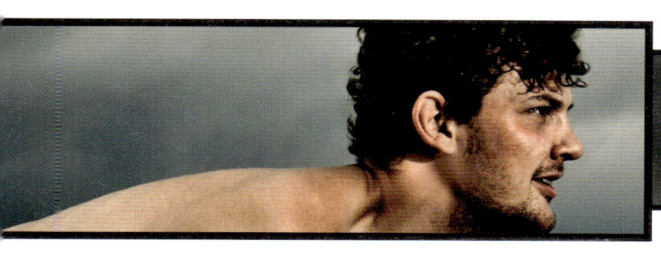

casa

[까사] 집

case

[까제] 집들

libro

[리브로] 책

libri

[리브리] 책들

 4-3. 이탈리아어의 남성명사와 여성명사!

이탈리아어는 거의 모든 단어가 모음으로 끝납니다.
만약 **yogurt** [요구르트]처럼 자음으로 끝나면 십중팔구 외래어입니다.

몇 가지 경우의 자음으로 끝나는 외래어를 제외하고 모음으로 끝난 명사는
대부분 모음 **-o, -a, -e** 로 끝납니다.

남성단수명사는 모음 **-o** 나 **-e** 로 끝나고, 여성단수명사는 모음 **-a** 나 **-e** 로 끝납니다.
아래의 단어들은 대표적인 남성단수명사와 여성단수명사입니다.

남성단수명사

-o 로 끝나는 명사

fratello

[프라뗄로] 형/오빠/동생

ragazzo

[라갓쪼] 소년

amico

[아미꼬] (남자) 친구

-e 로 끝나는 명사

attore

[아또레] 배우

padre

[빠드레] 아버지

fiore

[피오레] 꽃

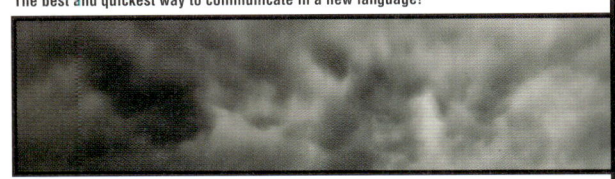

The best and quickest way to communicate in a new language!
Learn to understand and speak Languages quickly and easily!

여성단수명사

-a 로 끝나는 명사

sorella
[쏘렐라] 언니/누나/동생

ragazza
[라갓짜] 소녀

amica
[아미까] (여자) 친구

-e 로 끝나는 명사

attrice
[아뜨리체] 여배우

madre
[마드레] 엄마

chiave
[끼아베] 열쇠

명사는 쌍으로 학습하시는 것이 기억하기 훨씬 쉽습니다.

-o 로 끝난 남성단수명사와 **-a** 로 끝난 여성단수명사는
명사의 형태만으로 '성'의 구분이 가능하지만,
-e 로 끝나거나 혹은 자음으로 끝나는 경우라면
그때그때 단어를 접할 때마다 명사의 성을 익혀야 합니다.
자음으로 끝나는 명사 몇 가지를 소개하겠습니다.

bar
[바르] 바/커피숍

sport
[스뽀르뜨] 스포츠

e-mail
[이메일] 이메일

computer
[콤퓨테르] 컴퓨터

Practical, Useful and
Easy-To-Understand Lessons!

It's the perfect book
for any self-learner. *Italian*

 # 44. 이탈리아어의 불규칙명사!

이탈리아어 명사의 성수 구분은 대부분 규칙입니다만, 일부 불규칙도 존재합니다.
불규칙이라함은 명사가 **-o** 로 끝나지 않지만 남성인 경우,
-a 로 끝나지 않지만 여성인 경우를 말합니다.
이런 단어들은 규칙이 없기 때문에 자주 접하고 익혀야 합니다.

-a 로 끝나는 불규칙남성명사

problema

[쁘로블레마] 문제

tema

[떼마] 주제/테마

(**-ma** 로 끝나는 단어들은 보통 남성명사인 경우가 많습니다.)

-o 로 끝나는 불규칙여성명사

moto

[모토] 오토바이

foto

[포토] 사진

-i 로 끝나는 불규칙여성명사

crisi

[크리지] 위기

analisi

[아날리지] 분석

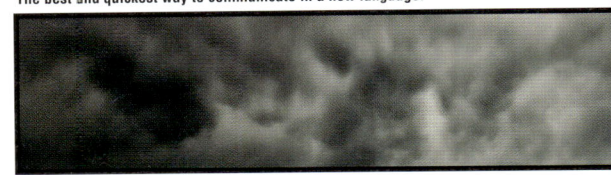

The best and quickest way to communicate in a new language!
Learn to understand and speak Languages quickly and easily!

4-5. 이탈리아어 복수명사!

이탈리아어의 명사가 지닌 또 하나의 중요한 특징은 '수'입니다.
이탈리아어 명사를 복수형으로 만드는 방법은 간단합니다.
-o 로 끝나는 남성단수명사는 **o** 를 **-i** 로, **-a** 로 끝나는
여성단수명사는 **-a** 를 **-e** 로 바꾸면 됩니다.
그리고 **-e** 로 끝나는 남성/여성단수명사는 **-e** 를 **-i** 로 바꾸면 복수형이 됩니다.

남성명사

-o 로 끝나는 명사

fratello > fratelli
[프라뗄리] 형/오빠/동생들

ragazzo > ragazzi
[라갓쩨] 소년들

-e 로 끝나는 명사

attore > attori
[아또리] 배우들

studente > studenti
[스뚜덴띠] 학생들

여성명사

-a 로 끝나는 명사

sorella > sorelle
[쏘렐레] 언니/누나/동생들

ragazza > ragazze
[라갓쩨] 소녀들

-e 로 끝나는 명사

chiave > chiavi
[끼아비] 열쇠들

attrice > attrici
[아뜨리치] 여배우들

It's the perfect book
for any self-learner.  *Italian*

 # 46. 이탈리아어 인터넷 사전 찾는 법!

그밖에도 이탈리아어 명사는 단수복수 형태가 같거나,
발음규칙에 따라 복수형이 달라지는 불규칙 형태들이 있습니다.
이럴 땐 그때그때 인터넷 사전의 도움을 받으면 됩니다.
단어를 사전 검색할 때는 먼저 단어의 기본형을 알아야 합니다.
기본적으로 명사는 **-o** 나 **-a, -e** 로 끝나고, 형용사는 **-o** 나 **-e** 로 끝납니다.
그리고 동사의 경우는 **-are/ -ere/ -ire** 형으로 끝나는 것이 기본형입니다.
참고적으로 사전에서 주로 쓰이는 약자는 다음과 같은 용어들이 있습니다.

vi. verbo intransitivo　　[베르보 인뜨란씨띠보] 자동사

vtr. verbo transitivo　　[베르보 뜨란씨띠보] 타동사

nm. nome maschile　　[노메 마스낄레] 남성명사

nf. nome femminile　　[노메 펨미닐레] 여성명사

agg. aggettivo　　[아제띠보] 형용사

avv. avverbio　　[아베르비오] 부사

pron. pronome　　[쁘로노메] 대명사

prep. preposizione　　[쁘레뽀지찌오니] 전치사

art. articolo　　[아르띠꼴로] 관사

multi Plus

Learn to understand and speak Languages quickly and easily!

Practical, Useful and
Easy-To-Understand Lessons

66

04+.
Lezione 04. Multi+Plus

이탈리아어로 직업 등을 묻고 답하기!

이탈리아어 남성명사, 여성명사에 대해 좀 더 정리하고,
회화표현으로 학습해 보겠습니다.

It's the perfect book for the self-learn.

Italian

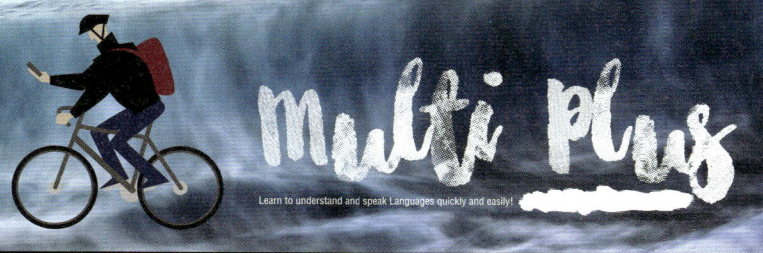

41+. 이탈리아어의 직업을 나타내는 명사!

이탈리아에서 여성이 투표권을 처음으로 행사하게 된 것은 1946년 이후입니다.
여성의 사회참여가 시작된 것이 불과 몇십 년밖에 되지 않았습니다.
때문에 아직도 많은 수의 직업명이 남성형만 있습니다.
이탈리아어의 직업을 나타내는 명사들을 살펴보겠습니다.

1) 먼저 여성 직업명일 때 어미가 변하는 명사들입니다.

남성	여성
scrittore [스끄리또레] 남자 작가	**scrittrice** [스끄리뜨리체] 여류 작가
pittore [삐또레] 남자 화가	**pittrice** [삐뜨리체] 여류 화가
dottore [도또레] 남자 의사/박사	**dottoressa** [도또레싸] 여자 의사/박사
studente [스뚜덴떼] 남학생	**studentessa** [스뚜덴떼싸] 여학생
professore [프로페쏘레] 남자 교수/교사	**professoressa** [프로페쏘레싸] 여자 교수/교사

2) 다음은 남성형만 가지고 있는 직업명입니다.
이 경우 여자들도 어쩔 수 없이 남성명사 형태를 사용하고,
마찬가지로 관사도 남성형을 따라야만 합니다.

The best and quickest way
to communicate
in a new language!

Learn to understand
and speak Languages
quickly and easily!

architetto
[아르끼떼또] 건축가

medico
[메디꼬] 의사

presidente
[쁘레지덴떼] 대통령

ministro
[미니스뜨로] 장관

magistrato
[마지스뜨라또] 판사

avvocato
[아보까또] 변호사

poliziotto
[뽈리찌오또] 경찰관

giudice
[쥬디체] 심판

요즘은 그래도 시대가 바뀌어 위의 직업을 가진 여성들을 지칭하기 위해
관사를 여성형으로 표기하거나 혹은 **poliziotta** 나 **avvocatessa** 처럼
어미를 바꾸기도 합니다만, 완전히 일반화된 것은 아닙니다.

4-2+. 이탈리아어의 기혼자와 미혼자

서류를 작성할 때 종종 자신의 결혼 여부를 체크해야 하는 경우가 있습니다.
기혼자 또는 미혼자의 표시 역시 남성과 여성에 따라 구분이 됩니다.
다음의 단어들은 여러분들이 서류를 작성할 때 자주 보시게 되는 단어들입니다.

stato civile
[스따또 치빌레] 결혼 여부

stato libero
[스따또 리베로] 독신

sposato
[스뽀사또] 기혼자

non sposato
[논 스뽀사또] 미혼자

nubile
[누빌레] 독신 여성

celibe
[첼리베] 독신 남성

coniugata
[꼬뉴가따] 여자 기혼자

coniugato
[꼬뉴가또] 남자 기혼자

vedova
[베도바] 과부

vedovo
[베도보] 홀아비

현재는 **nubile** 나 **celibe** 와 같이 여성과 남성의 미혼을 나타내는 단어가 성차별적이라고 하여,
여성과 남성 독신 모두를 **stato libero** 로 대체하여 많이 씁니다.

43+ 이탈리아어로 직업 물어보기!

직업을 묻는 방법은 두 가지입니다.
처음 만나는 사이나 격식을 갖춰 묻고 싶을 때 사용할 수 있는 존칭을 사용한 표현과
또 하나는 이미 만난 적이 있는 사이거나 좀 더 친근하게 표현하고 싶을 때 사용할 수 있는
문장입니다.

(**che** [께] 무슨, **il lavoro** [일 라보로] 직업, **fa** [파] / **fai** [파이] ~하다 (각각 **fare** 동사의 3인칭단수
인칭변화형과 2인칭단수 인칭변화형입니다.), **sono** [소노] ~이다 (영어의 be 동사에 해당하는
essere 동사의 1인칭단수 인칭변화형에 해당합니다.), **la scrittrice** [라 스끄리뜨리체] 여류 작가,
lo studente [로 스뚜덴떼] 남학생)

Che lavoro fa?
[께 라보로 파?] 당신의 직업은 무엇입니까?

Sono scrittrice.
[소노 스끄리뜨리체.] 나는 여류 작가입니다.

Che lavoro fai?
[께 라보로 파이?] 너의 직업은 무엇이니?

Sono studente.
[소노 스뚜덴떼.] 나는 (남)학생이야.

The best and quickest way
to communicate in a new language!
Learn to understand and speak Languages quickly and easily!

l'amica, le amiche

It's the perfect book for any self-learner.

Practical, Useful and
Easy-To-Understand Lessons!

05.
Lezione 05.
이탈리아 명사의 세트메뉴, 정관사와 부정관사!
l'amica, le amiche

[라미까, 레 아미께] 친구, 친구들

영어의 **the** 나 **a(n)** 와 같은 정관사, 부정관사가 이탈리아어에도 있습니다.
이탈리아어의 관사가 영어와 틀린 점은 명사의 성과 수에 따라
관사의 형태가 변한다는 것입니다.
이탈리아어의 명사는 항상 정관사나 부정관사와 함께 쓰입니다. '세트메뉴'라고 보면 됩니다.

It's the perfect book
for any self-learner.

Italian

Practical, Useful and
Easy-To-Understand Lessons!

From **basic greetings** and **expressions** to **grammar** and **conversations**!

The best and quickest way
to communicate in a new language!
Learn to understand and speak Languages quickly and easily.

5-1. 이탈리아의 어머니들!

이탈리아는 '가정 중심'입니다.

특히 가정에서 여성의 역할은 매우 중요합니다. 이탈리아의 주부들은 집을 깨끗이 정돈하고, 가족을 위해 하는 음식준비를 최고의 덕목으로 생각합니다. 초등학교까지는 반드시 브모가 등하교를 함께 해야 하기 때문에 직장맘도 이때만큼은 회사에서 잠시 나와서 아이를 돌봅니다. 이탈리아 남성의 가사활동 참여도가 매우 높은 편이긴 하지만, 이탈리아에서는 아직까지도 전통적인 여성상이 지배적입니다. 특히 엄마들의 자식사랑이 매우 강하고, 부모와 자식간의 유대가 좋기 때문에 다른 유럽에 비해 성인이 되어도 부모와 함께 거주하는 비율이 상당히 높습니다. 물론 경제적인 어려움으로 자식이 독립을 못하는 이유도 있지만, 엄마가 자식을 보살피고 싶어 하는 애정도 무시하지 못할 정도로 큽니다.

그래서 이탈리아에는 **mammone** (마마보이)가 많습니다.

5-2. 이탈리아어의 정관사!

이탈리아어에서 명사 앞에 쓰이는 정관사는 '정해진' 혹은 '이미 알고 있는' 명사를
지칭할 때 쓰는 품사로 영어의 **the** (그/그것)과 같은 개념입니다.
이탈리아어의 정관사는 뒤따라오는 명사의 성과 수에 따라 형태가 변하기 때문에 정관사를
익힐 때는 명사와 함께 외우는 것이 좋습니다.
다음은 성과 수에 따라 정리한 이탈리아어 정관사입니다.

	단수	복수
남성정관사	il	i
	lo / l'	gli
여성정관사	la	le
	l'	le

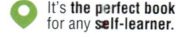

1) 이탈리아어의 남성정관사

남성정관사는 단수의 경우 **il, lo, l'** 3가지 형태가 있고, 복수의 경우는 **i, gli** 2가지 형태로 모두 5가지가 있습니다.
언제 어떤 것을 사용하는지는 뒤 따라오는 남성명사의 첫 글자에 따라 결정됩니다.
각각의 경우를 살펴보겠습니다.

먼저 자음으로 시작하는 남성명사가 오면 단수정관사는 **il**, 복수정관사는 **i** 입니다.
(단! **s**+자음, **x, z, gn, pn, ps** 로 시작하는 남성명사는 제외됩니다.)

단수	복수
il	**i**
il libro	**i libri**
[일 리브로] 책	[이 리브리] 책들
il bicchiere	**i bicchieri**
[일 비끼에레] 컵	[이 비끼에리] 컵들

아울러 **s**+자음, **x, z, gn, pn, ps, i**+모음으로 시작하는 남성명사가 오면 단수정관사는 **lo**, 복수정관사는 **gli** 입니다.

단수	복수
lo	**gli**
lo studente	**gli studenti**
[로 스뚜덴떼] 학생	[리 스뚜덴띠] 학생들
lo psicologo	**gli psicologi**
[로 쁘씨꼴로고] 심리학자	[리 쁘씨꼴로지] 심리학자들

lo zucchero

[로 쥬께로] 설탕

gli zuccheri

[리 쥬께리] 설탕들

그리고 마지막으로 모음으로 시작하는 남성명사의 단수정관사는 **l'**, 복수정관사는 **gli** 입니다.

단수
l'

복수
gli

l'uomo

[루오모] 남자

gli uomini

[리 우오미니] 남자들

l'amico

[라미꼬] 친구

gli amici

[리 아미치] 친구들

l' 와 같은 형태의 남성정관사를 축약형이라고 부릅니다.
남성정관사 **lo** 가 모음으로 시작하는 남성명사를 만나면 **-o** 와 뒤따라오는 명사의 첫 모음이
서로 겹치는 것을 막기 위해 정관사의 모음 **-o** 를 생략하고 **l'** 로 표기하는 것입니다.
영어와 비교하면 이탈리아어의 정관사 선택이 너무 복잡할 수 있습니다.
이럴 땐 명사를 처음 외울 때 정관사와 함께 기억하는 것이 제일 마음 편한 방법입니다.

2) 이탈리아어의 여성정관사

여성정관사는 단수일 경우 **la** 와 **l'**, 복수일 경우는 **le** 로 모두 3가지가 있습니다.
남성정관사와 마찬가지로 뒤따라오는 명사에 따라 형태가 변합니다.

먼저 자음으로 시작하는 여성명사의 단수정관사는 **la** 이고, 복수정관사는 **le** 입니다.

단수
la

복수
le

Practical, Useful and
Easy-To-Understand Lessons!

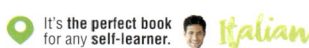

It's the perfect book for any self-learner.

la torta

[라 또르따] 케이크

le torte

[레 또르떼] 케이크들

la scuola

[라 스꾸올라] 학교

le scuole

[레 스꾸올레] 학교들

그리고 모음으로 시작하는 여성명사는 단수정관사가 **l'** 이고, 복수정관사는 **le** 입니다.

단수
l'

복수
le

l'amica

[라미까] 친구

le amiche

[레 아미께] 친구들

l'erba

[레르바] 잔디/풀

le erbe

[레 에르베] 잔디/풀들

남성정관사 **l'** 형과 마찬가지로 여성명사도 모음으로 시작하는 경우
여성정관사 **la** 의 **-a** 와 명사의 첫 모음이 만나 축약현상이 일어납니다.
반면, 복수형일 경우 **le** 와 모음으로 시작하는 명사는 축약현상이 일어나지 않습니다.

 ## 5-3. 이탈리아어의 부정관사!

이탈리아어의 부정관사는 불특정 단수 명사 앞에 쓰입니다.
영어의 **a(an)** 와 같은 의미로 '어떤/하나의'의 뜻입니다.
부정관사는 명사의 성에 따라서 남성형과 여성형으로 구분됩니다.
정관사와 마찬가지로 부정관사도 뒤에 오는 명사의 첫 글자에 따라 형태가 결정됩니다.
부정관사의 복수형은 전치사 **di** 와 정관사가 축약된 형태로,
영어의 **some** 처럼 '몇 개의/약간의'라는 의미로 쓰입니다.

	단수	복수
남성부정관사	un	dei
	uno	degli
여성부정관사	una	delle
	un'	delle

1) 이탈리아어의 남성부정관사

먼저 모든 남성명사의 단수부정관사는 **un**, 복수부정관사는 **dei** 입니다.
(단! **s**+자음, **x, z, gn, pn, ps, i**+모음으로 시작하는 명사는 제외입니다.)

단수	복수
un	**dei**
un libro	**dei libri**
[운 리브로] 책	[데이 리브리] 몇 권의 책들
un cane	**dei cani**
[운 까네] 개	[데이 까니] 몇 마리의 강아지들

아울러 **s**+자음, **x, z, gn, pn, ps, i**+모음으로 시작하는 남성명사의 단수부정관사는 **uno**,
복수부정관사는 **degli** 입니다.

단수	복수
uno	**degli**
uno studente	**degli studenti**
[우노 스뚜덴떼] 학생	[델리 스뚜덴띠] 몇 명의 학생들
uno xilofono	**degli xilofoni**
[우노 실로포노] 실로폰	[델리 실로포니] 몇 대의 실로폰들

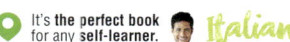

It's the perfect book for any self-learner.

2) 이탈리아어의 여성부정관사

자음으로 시작하는 여성명사의 단수부정관사는 **una**, 복수부정관사는 **delle** 입니다.

단수 **una**	복수 **delle**
una sedia [우나 쎄디아] 의자	**delle sedie** [델레 쎄디에] 몇 개의 의자들
una lampada [우나 람빠다] 전등	**delle lampade** [델레 람빠데] 몇 개의 전등들

그리고 모음으로 시작하는 여성명사의 단수부정관사는 **un'**, 복수부정관사는 **delle** 입니다.

단수 **un'**	복수 **delle**
un'amica [운아미까] 친구	**delle amiche** [델레 아미께] 몇 명의 여자 친구들
un'erba [운에르바] 풀	**delle erbe** [델레 에르베] 약간의 풀

여성단수명사일 경우 자음이나 i+모음으로 시작하는 명사 앞에는 부정관사 **una** 가 옵니다.
만약 여성단수명사가 모음으로 시작하면 축약이 일어나서 축약형 부정관사 **un'** 이 됩니다.
그밖에 이상의 규칙을 벗어나는 불규칙 명사와 관사들이 몇 가지 있습니다만,
그때그때 따로 학습하시면 됩니다.

결론적으로 이탈리아어 관사에 있어서 가장 중요한 점은
'관사는 명사를 보다 명확히 규정하는 장치'라는 것과,
이탈리아어를 또박또박 잘 하려면 관사의 이해가 필수적이라는 사실입니다.
귀찮아하지 마시고 외우려 마시고, 먼저 이해와 납득의 시간이 되시길 바랍니다.

Multi Plus

Learn to understand and speak Languages quickly and easily!

05+.
Lezione 05. Multi+Plus
이탈리아어로 날짜/요일/시간을 말하다!

이번 과에서는 제3과 **Multi+Plus** 에서 공부했던 숫자를 이용해
좀 더 다양한 표현을 학습해보겠습니다.

It's **the perfect book**
for any **self-learner**. *Italian*

Learn to understand and speak Languages quickly and easily!

5-1+. 이탈리아어로 시간을 말하다!

이탈리아어로 시간을 묻고 대답해 보겠습니다.
방법은 간단합니다. 의문사 **che** [께] (무슨/몇)을 이용하며,
의문사는 문장의 맨 앞에 위치합니다.

(**che** [께] 무슨/몇, **l'ora** [로라] 시간, **è** [에] ~이다, **sono** [소노] ~이다, **e** [에] 그리고)

Che ora è?
[께 오라 에?] 몇 시입니까?

Che ore sono?
[께 오레 소노?] 몇 시입니까?

'지금 몇 시입니까?'는 두 가지 방식으로 물을 수 있습니다.
이유는 **ora** [오라 (시간)이 각각 단수형과 복수형으로 쓰였기 때문입니다.
'1시'를 제외하고 나머지 시간(2시~24시)은 모두 복수이기 때문에
보통은 **Che ore sono?** 를 많이 씁니다.
대답할 때는 동사 다음에 정관사 여성복수형 **le** 다음에 시간을 말하면 됩니다.
정관사 **le** 를 사용하는 이유는 **le** 뒤에 여성복수명사 **ore** (시간)이 생략되었기 때문입니다.
분 단위를 말할 때는 접속사 **e** (그리고) 다음에 분을 써주면 됩니다.
시와 분을 연결하기 위해 쓰이는 것입니다.

Sono le cinque.
[소노 레 친께] 5시입니다.

Sono le dieci e venti.
[소노 레 디에치 에 벤띠] 10시 20분입니다.

È l'una.
[에 루나] 1시입니다.

È l'una e cinque.
[에 루나 에 친께] 1시 5분입니다.

From **basic greetings** and **expressions** to **grammar** and **conversations!**

The best and quickest way to communicate in a new language!

Learn to understand and speak Languages quickly and easily!

시간표현을 할 때 주의할 점은 1시일 경우 **essere** 동사의 3인칭 단수형이 온다는 것입니다. 그리고 정관사는 여성 단수형 **la** 가 쓰입니다. 또한 뒤따라오는 **una** 가 모음으로 시작하기 때문에 정관사와 명사가 축약현상이 일어나 **l'una** 로 표현됩니다.

이 밖에도 분 단위를 나타내는 표현으로 15분과 30분은 숫자 대신 다음과 같이 쓸 수 있습니다.

15분 : **un quarto** [운 꾸아르또] = **quindici** [뀐디치]

30분 : **mezza** [메짜] = **trenta** [뜨렌따]

È l'una e un quarto.
[에 루나 에 운 꾸아르또] 1시 15분입니다.

Sono le quattro e mezza.
[소노 레 꾸아뜨로 에 메짜] 4시 30분입니다.

'몇 분 전'이라는 표현은 이탈리아어로 시간 다음에 접속사 **e** 대신에 부사 **meno** 를 사용하면 됩니다.

Sono le nove meno un quarto.
[소노 레 노베 메노 운 꾸아르또] 9시 15분 전입니다.

Sono le dieci meno cinque.
[소노 레 디에치 메노 친꿰] 10시 5분 전입니다.

5-2+. 이탈리아어로 요일을 말하다!

먼저 이탈리아어로 요일명을 정리해보겠습니다.

lunedì
[루네디] 월요일

martedì
[마르떼디] 화요일

mercoledì
[메르꼴레디] 수요일

giovedì
[죠베디] 목요일

venerdì
[베네르디] 금요일

sabato
[사바토] 토요일

domenica
[도메니까] 일요일

80 Practical, Useful and Easy-To-Understand Lessons!

 It's the perfect book for any self-learner. *Italian*

(**il giorno** [일 죠르노] 날/요일, **oggi** [옷지] 오늘)

Che giorno è oggi?
[께 죠르노 에 옷지?] 오늘은 무슨 요일입니까?

Oggi è lunedì.
[옷지 에 루네디] 오늘은 월요일입니다.

5-3+. 이탈리아어로 날짜를 말하다!

먼저 이탈리아어로 월명을 정리해보겠습니다.

gennaio [젠나이오] 1월	**febbraio** [페브라이오] 2월	**marzo** [마르쪼] 3월	**aprile** [아쁘릴레] 4월
maggio [마쬬] 5월	**giugno** [쮸뇨] 6월	**luglio** [룰리오] 7월	**agosto** [아고스또] 8월
settembre [쎄뗌브레] 9월	**ottobre** [오또브레] 10월	**novembre** [노벰브레] 11월	**dicembre** [디쳄브레] 12월

(**il giorno** [일 죠르노] 날, **è** [에] ~이다)

Che giorno è oggi?
[께 죠르노 에 옷지?] 오늘 날짜가 어떻게 됩니까? / 오늘 무슨 요일입니까?

(Oggi) è il 25 ottobre.
[(옷지) 에 일 벤띠친께 오또브레.] (오늘은) 10월 25일입니다.

날짜를 표현할 때, 날짜 앞에는 정관사 **il** 이 오고 일 〉 월 〉 년 순으로 표현을 합니다.
따라서 연도까지 쓰게 되면 다음과 같은 순서가 됩니다.

È il 10 novembre 2016.
[에 일 디에치 노벰브레 두에밀라쎄디치] 2016년 11월 10일입니다.

15/01/2018   quindici/gennaio/duemiladiciotto
[꿴디치/ 젠나이오/ 두에밀라디쵸또]

* 제6과부터는 이탈리아어 발음토 표기를 생략하겠습니다.

Practical, **Useful** and **Easy-To-Understand** Lessons!

Io sono uno studente.

It's the perfect book for any self-learner.

06.
Lezione 06.
이탈리아어의 핵심, 동사와 주격인칭대명사!
Io sono uno studente.
나는 학생입니다.

동사를 알면 이탈리아어는 반 이상 배운 것과 다름 없습니다.
이탈리아어 문장의 핵심인 동사는 주어의 인칭에 따라 6가지 형태로 변합니다.
이탈리아어 동사, 본격적으로 시작해 보겠습니다.

 ## 6-1. 수다쟁이 이탈리아 사람들!

이탈리아인들은 말하는 것을 참 좋아합니다.
각종 시험도 대부분 오럴 테스트로 대신할 정도입니다. 이탈리아 사람들은 자신의 의견을 표현하고 논쟁함에 거리낌이 없습니다. 특히 늦은 오후쯤 되면 퇴근하는 사람들이 길거리에 서서 한참 동안 이야기 나누는 모습을 흔히 볼 수 있습니다. 이탈리아는 소도시 문화입니다. 서울과 같은 대도시도 많지 않고, 신흥 대도시라는 개념도 없습니다. 대부분의 사람들이 작은 도시에서 정착해서 오랫동안 살아온 토박이들입니다. 때문에 길에서 만나는 사람은 거의 대부분이 지인이고요. 그러다 보니 가족처럼 살갑게 인사하고, 아무 때고 편안하게 대화를 나눕니다. 요즘 도시에서는 볼 수 없는 정겨움과 여유로움이 아직 남아 있는 것이죠.

 ## 6-2. 이탈리아어 주격인칭대명사와 특징!

이탈리아어의 인칭대명사는 다음의 6가지로 정리할 수 있습니다.

1인칭단수	io 나	1인칭복수	noi 우리들
2인칭단수	tu 너	2인칭복수	voi 너희들
3인칭단수	lui/lei/Lei 그/그녀/당신	3인칭복수	loro 그들/그녀들

2인칭대명사 **tu** 는 친한 사이의 호칭입니다.
따라서 부모, 형제, 친구까지 주위의 친한 사람 모두에게 **tu** 를 쓸 수 있습니다.

84

Io sono uno studente.

It's the perfect book for any self-learner.

3인칭대명사 **lei** 는 2가지 의미가 있습니다.
lei 는 '그녀'라는 의미의 3인칭단수 주격인칭대명사 여성형이 될 수 있고,
또 다른 의미로는 '당신'이라는 2인칭 **tu** 의 존칭형 주격인칭대명사가 될 수도 있습니다.
2가지 경우 다 발음이 같기 때문에 문맥상 구별해야 하며,
문장에서 존칭형은 대명사의 첫 글자를 대문자로 써서 구분합니다.

 6-3. 이탈리아어의 규칙동사!

이탈리아어는 주어의 인칭에 따라 동사가 6가지 형태로 변합니다.
따라서 동사만으로도 주어의 인칭을 알 수 있기 때문에,
일반적으로 문장에서 주어를 생략합니다.
이탈리아어 동사는 '어간+어미'로 이루어져 있으며,
이탈리아어의 어미는 **-are / -ere / -ire** 로 끝나는 3가지 타입의 동사가 있습니다.

아울러 이탈리아어의 동사는 규칙동사와 불규칙동사로 구분할 수 있습니다.
이탈리아어 동사의 85%는 규칙적으로 변하는 동사입니다.
규칙동사의 경우 주어의 인칭에 따라서 동사의 어미만 변합니다.
다시 말해, 각각 6가지 형태로 인칭에 따라 변화를 합니다.
(단, **-ire** 형으로 끝나는 규칙형동사는 동사의 종류에 따라 2가지 타입으로 변합니다.)

(주어와 함께 동사변화를 소리내어 읽어 보십시오!)

	-are 형 **parl-are** (말하다)	**-ere** 형 **scriv-ere** (글 쓰다)
io	parl-o	scriv-o
tu	parl-i	scriv-i
lui/lei/Lei	parl-a	scriv-e
noi	parl-iamo	scriv-iamo
voi	parl-ate	scriv-ete
loro	parl-ano	scriv-ono

	-ire 형 (1) **dorm-ire** (잠자다)	**-ire** 형 (2) **cap-ire** (이해하다)
io	dorm-o	cap-isco
tu	dorm-i	cap-isci
lui/lei/Lei	dorm-e	cap-isce
noi	dorm-iamo	cap-iamo
voi	dorm-ite	cap-ite
loro	dorm-ono	cap-iscono

(**l'italiano** 이탈리아어, **la lettera** 편지, **non** ~아니다, **l'inglese** 영어)

Parliamo l'italiano.
우리는 이탈리아어를 말합니다.

Scrive una lettera.
그는 편지를 씁니다.

Non dormo.
나는 잠을 못잡니다.

Capisci l'inglese?
너는 영어를 알아듣니?

 **6-4. 이탈리아어의 불규칙동사!**

거의 대부분의 동사가 규칙이기는 하지만, 몇몇의 불규칙동사도 있습니다.
불규칙동사의 대부분이 특별히 자주 쓰는 동사들입니다.
때문에 이러한 동사들은 학습자가 자주 접하고 익혀야만 합니다.
영어의 대표적인 **be** 동사와 **have** 동사가 그렇듯이
이탈리아어 주요 동사 역시 불규칙동사입니다.

Io sono uno studente.

It's the perfect book for any self-learner.

	essere (~이다)	avere (~가지고 있다)
io	sono	ho
tu	sei	hai
lui/lei/Lei	è	ha
noi	siamo	abbiamo
voi	siete	avete
loro	sono	hanno

1) 영어의 **be** 동사에 해당하는 **essere** 동사의 3인칭단수형 **è** 는 **e** 위에 악센트를 표기하여 등위접속사 **e** (그리고)와 구별합니다.

2) 1인칭단수형과 3인칭복수형은 **sono** 로 형태가 같아서 주어로 구분합니다.

3) 영어의 **have** 동사에 해당하는 **avere** 동사의 **ho** [오], **hai** [아이], **ha** [아 ⋯ 등의 **h** [아끼는 묵음으로 발음이 되지 않습니다.

(**lo studente** 학생, **la ragazza** 소녀, **due** 숫자 2, **la matita** 연필, **la fame** 배고픔)

Io sono uno studente.
나는 학생입니다.

Lei è una ragazza.
그녀는 소녀입니다.

Ho due matite.
나는 연필 2자루를 가지고 있습니다.

Ha fame.
그는 배가 고픕니다.

	fare (~하다)	andare (가다)
io	faccio	vado
tu	fai	vai
lui/lei/Lei	fa	va
noi	facciamo	andiamo
voi	fate	andate
loro	fanno	vanno

From basic **greetings** and **expressions** to **grammar** and **conversations**!

(**il compito** 숙제, **molto** 매우, **freddo** 추운, **a** ~에, **la casa** 집, **a piedi** 걸어서, **bene** 잘/좋게)

Faccio i compiti.
나는 숙제를 합니다.

Fa molto freddo.
매우 춥습니다.

이탈리아어로 날씨를 표현할 때 영어의 **do** 동사에 해당하는 **fare** 동사를 사용합니다.
주로 '~하다'란 뜻으로 쓰이지만 **fare** 동사의 3인칭단수 주격 변화형 **fa** 뒤에 형용사가 오면 (예를 들어 **freddo** (추운), **caldo** (더운) 등) **fa freddo** (춥다), **fa caldo** (덥다)라는 의미로 쓰일 수 있습니다.

Vado a casa a piedi.
나는 걸어서 집에 갑니다.

Va bene!
좋아!

andare (가다)는 부사 **bene** (좋게)와 함께 쓰여서 영어의 **All right!** (좋아!/괜찮아!)라는 표현이 됩니다.

 ## 6-5. 이탈리아어로 문장 만들기!

이탈리아어 문장은 '주어 + 동사 + 목적어 …'의 어순으로 구성됩니다.
이탈리아어는 평서문과 의문문의 어순이 같습니다.
다시 말해, 이탈리아어 의문문은 평서문과 구조가 같고,
단지 문장을 읽을 때 끝부분을 올려서 읽으면 그대로 의문문이 됩니다.

1) 이탈리아어 평서문

(**parlare** 말하다, **l'italiano** 이탈리아어, **dormire** 잠자다, **capire** 이해하다)

Io parlo italiano.
나는 이탈리아어로 말합니다.

Lui dorme.
그는 잡니다.

Io capisco l'italiano.
나는 이탈리아어를 이해합니다.

목적어를 필요로 하는 타동사의 경우, 목적어는 동사 뒤에 옵니다.
그리고 **bene** (잘)처럼 동사를 수식해주는 부사는 보통 동사 바로 뒤에 옵니다.
동사는 주어의 인칭에 따라 변하기 때문에 주어인 **io** 나 **lui** 는 문장에서 생략이 가능합니다.

2) 이탈리아어 의문문

Tu parli italiano?
넌 이탈리아어를 하니?

Lui dorme?
그는 잡니까?

Loro capiscono l'italiano?
그들은 이탈리아어를 이해합니까?

의문문의 문장구조도 평서문과 다를 것이 없습니다.
그리고 일반적으로 주어를 생략하고 말합니다.

3) 이탈리아어 부정문

이탈리아어의 부정문은 부사 **non** (아니다)로 만듭니다.
부정을 나타내는 부사 **non** 은 평서문이든 의문문이든 주어와 동사 사이에 위치합니다.
부정문이든 부정의문문이든 어순 차이가 없습니다.

Io non parlo italiano.
나는 이탈리아어로 말할 줄 모릅니다.

Io non capisco l'italiano.
나는 이탈리아어를 이해하지 못합니다.

Tu non parli italiano?
넌 이탈리아어를 말할 줄 모르니?

Loro non capiscono l'italiano?
그들은 이탈리아어를 이해하지 못합니까?

multi plus

Learn to understand and speak Languages quickly and easily

06+.
Lezione 06. Multi+Plus
이탈리아어로 자신을 표현하다!

이탈리아어의 핵심동사 **essere** 와 **avere** 만 가지고도 말할 수 있는 표현이 엄청나게 늘어납니다. 살짝만 응용하면 기본적인 대화를 쭉쭉 이어나갈 수 있습니다.

It's the perfect book for any self-learner. Italian

6-1+. 국가/국적/국어를 말하다!

외국인을 만나면 제일 먼저 드는 생각이 '이 사람은 어디에서 왔을까?'일 것입니다.
국명, 국적을 묻고 답하려면 이탈리아어는 남자/여자형을 알고 있어야 합니다.

그리고 표기를 할 때, 국가명은 언제나 대문자로 표기하지만,
국적은 문장의 맨 앞을 제외하고는 소문자로 표기합니다.

	국가	국적 (남자 / 여자)
한국	Corea	coreano / coreana
이탈리아	Italia	italiano / italiana
프랑스	Francia	francese / francese
스페인	Spagna	spagnolo / spagnola
독일	Germania	tedesco / tedesca
영국	Inghilterra	inglese / inglese
미국	America	americano / americana
캐나다	Canada	canadese / canadese
중국	Cina	cinese / cinese
일본	Giappone	giapponese / giapponese
러시아	Russia	russo / russa

각국의 언어명은 대부분 남성단수의 국적명을 따릅니다.
예를 들어 '중국사람', '중국어' 모두 cinese 라고 합니다.

6-2+. **essere** 와 **avere** 동사의 핵심 문장들!

영어의 **be** 동사와 **have** 동사에 속하는
essere (~이다)와 **avere** (가지다) 동사는 이탈리아어 동사의 '핵'입니다.
essere 와 **avere** 동사를 활용한 '주옥같은 표현'을 정리했습니다.

1) **essere** 동사로 대부분의 '자기소개' 표현을 해결할 수 있습니다.
이름, 국적, 장소, 상태, 직업 등입니다.

(**la coreana** 여자 한국인, **in** ~(안)에, **questo** 이것, **il libro** 책, **lo studente** 남학생)

이름 : **Io sono Maria.**
나는 마리아입니다.

국적 : **Sono coreana.**
나는 한국사람입니다.

장소 : **Marco è in Italia.**
마르코는 이탈리아에 있습니다.

상태 : **Questo è un libro.**
이것은 책입니다.

직업 : **Sono uno studente.**
나는 학생입니다.

2) **avere** 동사는 소유, 상태, 나이 등을 표현할 수 있습니다.

(**la borsa** 가방, **il fratello** 남자 형제, **il sonno** 잠, **la fame** 배고픔, **la sete** 목마름,
il caldo 더위, **il freddo** 추위, **l'anno** 해/년)

소유 : **Ho una borsa.**
나는 가방 하나를 가지고 있습니다.

Ho un fratello.
나는 남자 형제 한 명이 있습니다.

상태 : **Ho sonno.**
나는 졸립니다.

Ho fame.
나는 배고픕니다.

Ho sete.
나는 목마릅니다.

Ho caldo.
나는 덥습니다.

Ho freddo.
나는 춥습니다.

나이 : **Ho trenta anni.**
나는 30세입니다.

Practical, **Useful** and
Easy-To-Understand Lessons!

The best and quickest way
to communicate in a new language!
Learn to understand and speak Languages quickly and easily!

07.
Lezione 07.
동사를 도와주는 이탈리아어 조동사들!
Posso parlare l'italiano.

나는 이탈리아어를 말할 수 있습니다.

동사를 도와주는 동사들이 있습니다.
동사를 도와서 동사의 뜻을 좀 더 다양하게,
좀 더 깊이 있게 만들어 주는 이탈리아어 조동사를 만나보겠습니다.

Posso parlare l'italiano.

It's the perfect book for any self-learner.

From **basic greetings** and **expressions** to **grammar** and **conversations!**

The best and quickest way
to communicate in a new language!
Learn to understand and speak Languages quickly and easily!

 ## 7-1. 이탈리아의 장인정신!

이탈리아는 중소기업 강국입니다.
이탈리아는 예로부터 가족중심의 가내공업을 이어왔기 때문에
'가업은 가문의 자긍심'으로 생각합니다.
이는 현대까지 그대로 이어져 지역을 기반으로 산업발전을 이루고 있습니다.
예를 들면 이탈리아 북부의 **Como** (코모) 지역은 실크 산업이 유명하고, **Verona** (베로나)에서는
신발 산업, **Vicenza** (비첸자)에서는 귀금속 산업 등이 유명합니다. 대대로 이어온 고도의 기술
력과 가문에 대한 깊은 자긍심 그리고 최고를 만들겠다는 그들의 의지는 이탈리아 장인정신의
정수가 되었습니다. 자신의 능력을 최고도로 끌어올려, 세심함의 극단까지 몰고 가서 완벽한
완성을 추구하는 이들이 있었기에 오늘날의 브랜드 **made in Italy** 가 탄생할 수 있었습니다.

 ## 7-2. 이탈리아어의 대표 조동사들!

이탈리아어에도 영어의 **can, must, will, shall** 과 같은 조동사가 있습니다.
조동사는 말 그대로 본동사를 도와주는 동사이기 때문에 본동사와 나란히 옵니다.
주의할 점은 조동사 뒤에 뒤따라 오는 본동사는 항상 동사원형의 형태이어야 하고,
주어의 인칭에 따라 변화하는 동사는 조동사란 점입니다.
이탈리아어의 대표적인 조동사로는 **potere**, **volere**, **dovere**, **sapere** 등이 있습니다.

 ## 7-3. 나는 할 수 있다! 조동사 **potere**

이탈리아어 조동사 **potere** 는 영어의 **can** 처럼 가능성을 나타냅니다.
'~을 할 수 있다'는 가능성이나, '~을 해도 된다'는 허락 등을 표현할 수 있습니다.
조동사는 인칭변화를 하고, 본동사는 원형으로 조동사 바로 다음에 위치합니다.
조동사는 불규칙동사이기 때문에 인칭별 형태를 기억하셔야 합니다.

potere (~을 할 수 있다/~을 해도 된다)			
io	posso	noi	possiamo
tu	puoi	voi	potete
lui/lei/Lei	può	loro	possono

조동사 **potere** 는 크게 4가지 의미, 즉 1) 가능성, 2) 의문문, 3) 요청, 4) 허락 등으로 사용됩니다.

1) 가능성

(**parlare** 말하다, **l'italiano** 이탈리아어, **cucinare** 요리하다, **in** ~ 안에서, **questo/a** 이것의, **la cucina** 주방)

Posso parlare l'italiano.
나는 이탈리아어를 말할 수 있습니다.

Lei può cucinare in questa cucina.
그녀는 이 주방에서 요리할 수 있습니다.

2) 의문문

potere 동사를 이용하여 의문문을 만들 수 있습니다.
조동사를 사용한 문장이라도 평서문과 의문문의 어순은 동일합니다.

(**venire** 오다/가다, **a** ~에, **il cinema** 영화관, **stasera** 오늘 저녁, **no** 아니다)

Puoi venire al cinema stasera?
오늘 저녁에 영화관에 갈 수 있니?

No, non posso (venire).
아니, 난 갈 수 없어.

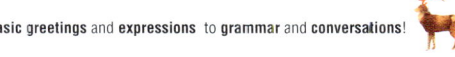

내가 원치 않아서 안 가는 것이 아니라, 갈 수 있는 상황이 되지 못하는 불가능성을 나타낼 때 **potere** 동사 앞에 부정을 나타내는 부사 **non** 을 쓰면 됩니다.

3) 예의 바른 요청

상대에게 예의 바르게 부탁할 때도 조동사 **potere** 를 쓸 수 있습니다.

(**fare** 하다, **la domanda** 질문, **presto** 일찍)

Posso fare una domanda?
내가 질문해도 됩니까?

Puoi venire presto?
너는 일찍 올 수 있니?

4) 허락

상대에게 허락을 구할 때도 **potere** 동사를 사용합니다.

(**usare** 사용하다, **la macchina** 자동차, **stasera** 오늘 저녁, **leggere** 읽다, **il libro** 책)

Posso usare la macchina stasera?
오늘 저녁 자동차를 써도 됩니까?

Posso leggere il libro?
내가 그 책을 읽어도 됩니까?

 ## 7-4. 나는 원한다! 조동사 volere

volere 는 '~을 원하다'란 뜻의 조동사입니다.

volere (~을 원하다)			
io	voglio	noi	vogliamo
tu	vuoi	voi	volete
lui/lei/Lei	vuole	loro	vogliono

(**andare** 가다, **in** ~에, **la vacanza** 휴가, **andare in vacanza** 휴가 가다, **vivere** 살다, **qui** 여기에, **dire** 말하다, **la verità** 진실)

Voglio andare in vacanza.
나는 휴가를 가고 싶습니다.

Voglio vivere qui.
나는 여기에 살고 싶습니다.

Non voglio dire la verità.
나는 진실을 말하고 싶지 않습니다.

 ## 7-5. 나는 해야 한다! 조동사 dovere

필요성이나 의무 등을 표현할 때 이탈리아어 조동사 **dovere** 를 쓸 수 있습니다.

dovere (~해야 한다)			
io	devo	noi	dobbiamo
tu	devi	voi	dovete
lui/lei/Lei	deve	loro	devono

1) 필요성

(**andare** 가다, **da + 사람** ~가 있는 장소에, **il dottore** 의사, **fare** ~하다, **la spesa** 쇼핑)

99

Practical, Useful and
Easy-To-Understand Lessons!

Dobbiamo andare dal dottore.

우리는 병원에 가야 합니다.

전치사 **da** 뒤에 사람이 나오면 '그 사람이 있는 장소'를 가리킵니다. 예를 들어, 위의 문장에서처럼 **da + il dottore = dal dottore** 하면 '의사가 있는 장소', 즉 '병원'을 뜻합니다. 같은 방식으로 **da + il parrucchiere** (이발사) **= dal parrucchiere** 하면 미용실이 됩니다.

Devo fare la spesa.

나는 쇼핑을 해야 합니다.

2) 의무

(**rispettare** 존중하다, **la legge** 법, **bere** 마시다, **l'alcolico** 술)

Devi rispettare le leggi.

너는 법을 지켜야만 한다.

Non dovete bere alcolici.

너희는 술을 마시면 안 된다.

 ## 7-6. 나는 할 줄 안다! 조동사 sapere

sapere 는 '~을 알다'라는 뜻의 타동사이지만 조동사로도 사용됩니다.
sapere 동사가 조동사로 쓰일 경우는 '~할 줄 안다'라는 뜻이 됩니다.

sapere (~할 줄 안다)			
io	so	noi	sappiamo
tu	sai	voi	sapete
lui/lei/Lei	sa	loro	sanno

(**cucinare** 요리하다, **molto** 매우, **bene** 잘, **nuotare** 수영하다)

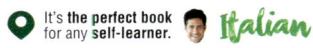 It's the perfect book for any self-learner. Italian

Sanno cucinare molto bene.

그들은 매우 잘 요리할 줄 압니다.

So nuotare.

나는 수영할 줄 압니다.

 7-7. 조동사를 사용한 부정문 만들기!

조동사가 있는 문장을 부정문으로 만들 때는 주어와 조동사 사이에 **non** (아니다)를 넣어 주면 됩니다.
부정문 역시 주어는 생략 가능합니다.

(**andare** 가다, **parlare** 말하다, **mangiare** 먹다)

(Io) non devo andare.

나는 가면 안 됩니다.

(Tu) non puoi parlare.

너는 말할 수 없다.

(Noi) non vogliamo parlare.

우리는 말하고 싶지 않습니다.

조동사를 사용한 의문문 역시 평서문과 순서가 같습니다.
끝을 살짝 올려 읽기만 하면 됩니다.

Non devi andare?

너는 가면 안 되니?

Non puoi parlare?

너는 말할 수 없니?

Non vuoi mangiare?

너는 안 먹고 싶니?

From **basic greetings** and **expressions** to **grammar** and **conversations**!

07+.

Lezione 07+. Multi Plus
이탈리아어 대표급 인사표현 및 생활표현!

이탈리아어의 얼굴 같은 표현, '이탈리아어의 대표 인사말'을 소개합니다.
이탈리아 사람들은 인사를 매우 중요하게 생각합니다. 그래서 준비했습니다.

Italian

7-1+. 이탈리아식 살가운 인사 & 대표급 인사표현!

이탈리아 사람들은 만나면 바쵸(**il bacio** 키스)를 나눕니다.
살짝 가볍게 포옹하며 서로의 양쪽 뺨을 오른쪽 한 번, 왼쪽 한 번 맞대면서
'쪽' 소리를 내는 방식입니다.
아무하고나 바쵸를 하는 것은 아니고요, 친인척이나 친한 사이
혹은 오랜만에 보는 반가운 사람과 나누는 인사입니다.
자! 묻지도 따지지도 말아야 할 이탈리아어 인사표현을 소개합니다!

❶ 만났을 때 하는 인사

Ciao!
안녕!

Salve!
안녕하세요!

Come sta?
어떻게 지내세요? (존대어)

❷ 시간에 따른 인사

Buon giorno!
안녕하세요! / 안녕히 계세요! (아침 ~ 2, 3시까지)

Buona sera!
안녕하세요! / 안녕히 계세요! (오후 ~ 저녁 인사)

Practical, **Useful** and
Easy-To-Understand Lessons!

103

Buona notte!

잘 자! / 좋은 밤 되세요! (밤에 잠자러 갈 때 하는 인사)

❸ 헤어질 때 하는 인사

Ciao!

안녕!

Addio!

안녕! (오랫동안 못 볼 사이에 하는 인사)

A presto!

곧 봐!

7-2+. 매너 넘치는 이탈리아어 생활표현!

열정적으로 감사하고 과하게 미안하다고 말하는 이탈리아 사람들,
뭐 그리 고마울 일도 아니고, 미안한 일도 아닌 것 같은데 이탈리아 사람들은
그야말로 열심히 인사를 합니다.

Grazie.

감사합니다.

Grazie mille.

대단히 감사합니다.

Mi dispiace.

미안합니다. / 죄송합니다.

Practical, **Useful** and
Easy-To-Understand Lessons!

 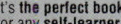

Mi scusi.
죄송합니다. (존대어)

Va bene.
괜찮습니다.

7-3+. 이탈리아어 결정적 한 단어! (긍정/부정표현)

Sì.
네/응.

Sì? 하면 '그래/그렇니?'하며 묻는 말이 됩니다.

No.
아니오/아니야.

No? 하면 '아니야? / 아니라고?' 하며 되묻는 표현입니다.

Certo!
물론!

긍정의 표현이며, '맞아!'라고 맞장구를 칠 때 사용할 수 있습니다.

D'accordo!
나도 동의해!

상대의 의견에 동의할 때 사용할 수 있습니다.

Practical, Useful and
Easy-To-Understand Lessons!

The best and quickest way
to communicate in a new language!
Learn to understand and speak Languages quickly and easily!

Practical, Useful and
Easy-To-Understand Lessons!

È un ragazzo italiano.

It's the perfect book for any self-learner.

08.
Lezione 08.
명사를 꾸며주는 이탈리아어의 화려한 형용사 (1)
È un ragazzo italiano.
그는 이탈리아 소년입니다.

형용사는 명사를 꾸며주는 품사입니다. 결과적으로 형용사는 여러분의 이탈리아어를
보다 더 다채롭게 만들어 주는 요소입니다. 이탈리아어의 형용사에는 품질형용사,
관계형용사, 소유형용사, 의문형용사, 지시형용사 등이 있습니다.

From basic English and vocabulary to grammar and conversations!

**From basic greetings
and expressions
to grammar and conversations!**
Learn to understand and speak Languages quickly and easily!

Practical, Useful and
Easy-To-Understand Lessons!

 ## 8-1. 이탈리아의 식전주 문화!

이탈리아에는 우리의 커피숍 개념인 **bar** (바)가 즐비합니다.
바에서 아침에는 커피 한 잔과 빵을 먹고, 점심에는 빠니니를 먹고, 저녁에 퇴근하면서 식전주 (**aperitivo**)를 한 잔 마시고 귀가합니다. 오후쯤 되면 이탈리아 사람들이 삼삼오오 바에 앉아 식전주를 마시는 것을 볼 수 있습니다. 알코올 도수가 맥주보다 낮은 약한 술이며, 보통은 **Spritz** (스프리츠)라는 식전주용 음료에 화이트와인을 섞어 마십니다. 많아야 두 잔 정도 간단한 안주와 함께 혹은 안주 없이 마십니다. 이탈리아의 식전주 문화는 일을 끝내고 저녁을 먹으러 집에 가기 전에 1시간 정도 동료나 친구들과 수다를 떨며 가볍게 마시는 것이 특징입니다. 이탈리아는 밤문화가 발달되어 있지 않기 때문에 일반적으로 사람들은 가볍게 식전주를 한 잔 하고 집으로 돌아가 저녁을 가족과 함께 먹습니다.

 ## 8-2. 이탈리아어 형용사의 형태!

이탈리아어의 형용사는 외관적인 특징이 있습니다.
즉, 이탈리아어 형용사의 형태는 2가지로 구분할 수 있는데요,
-o 로 끝나는 것과 **-e** 로 끝나는 것입니다.

carino
귀여운

veloce
빠른

그리고 이탈리아어의 형용사는 명사를 수식하기 때문에
명사의 성과 수에 밀접한 관련이 있습니다.
따라서, 명사의 성과 수에 따라 **-o** 로 끝나는 형용사와 **-e** 로 끝나는 형용사는
명사와 성수일치를 하여 형태가 변하게 됩니다.
그리고 결정적 특징 한 가지! 이탈리아어의 형용사는 명사 바로 다음에 옵니다.
물론 앞에 올 수도 있고요.

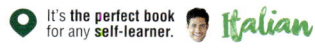

It's the **perfect book**
for any **self-learner.** *Italian*

(il ragazzo 소년, la ragazza 소녀, carino 귀여운, il disegno 디자인, semplice 단순한,
la macchina 자동차, veloce 빠른)

ragazzo carino
귀여운 소년

ragazzi carini
귀여운 소년들

ragazza carina
귀여운 소녀

ragazze carine
귀여운 소녀들

이처럼 기본형이 -o 로 끝난 형용사는 남성명사 **ragazzo** 의 영향으로 단수일 때는 -o,
복수일 때는 -i 로 마지막 모음이 변합니다. 아울러 여성명사 **ragazza** 는 단수일 때 -a,
복수일 때는 -e 로 마지막 모음이 변합니다.

disegno semplice
단순한 디자인

disegni semplici
단순한 디자인들

macchina veloce
빠른 자동차

macchine veloci
빠른 자동차들

그리고 기본형이 -e 로 끝나는 형용사는 남성명사 **disegno** 의 영향으로 단수일 때는 -e,
복수일 때는 -i 로 마지막 모음이 변합니다. 여성명사 **macchina** 의 경우에는 단수일 때 -e,
복수일 때 -i 로 남성명사/여성명사 구분 없이 단수인지 복수인지에 따라 마지막 모음이 변하게
됩니다. 그래서 간단히 표로 만들면 다음과 같습니다.

	-o 형용사	-e 형용사
남성단수	-o	-e
남성복수	-i	-i
여성단수	-a	-e
여성복수	-e	-i

이렇게 이탈리아어의 형용사는 명사의 어미와 일치하여 라임을 이룹니다.
이탈리아어에서 느끼는 세련미는 바로 단어의 라임에서 나오는 리듬감입니다.

(**amare** 사랑하다/좋아하다)

Il ragazzo carino ama la macchina veloce.
그 귀여운 소년은 그 빠른 자동차를 좋아합니다.

I ragazzi carini amano le macchine veloci.
그 귀여운 소년들은 그 빠른 자동차들을 좋아합니다.

la ragazza carina ama la macchina veloce.
그 귀여운 소녀는 그 빠른 자동차를 좋아합니다.

le ragazze carine amano le macchine veloci.
그 귀여운 소녀들은 그 빠른 자동차들을 좋아합니다.

8-3. 예외적인 어미변화의 형용사들!

이탈리아어의 형용사 거의 대부분은 앞서 말씀드린 규칙에 따라 성수변화를 합니다.
그러나 몇몇의 형용사는 예외적으로 변화하는 경우가 있습니다.
예를 들어 **buono** (좋은)이나 **bello** (아름다운)이라는 형용사가 대표적인 불규칙 형용사입니다.
이탈리아어 형용사는 일반적으로 명사 뒤에서 명사를 수식합니다.
이들 형용사가 명사 뒤에 오게 되면 앞서 설명한 규칙대로 형용사의 형태가 명사와
성수 일치를 하게 됩니다.
그러나 이들 형용사가 명사의 앞에 와서 명사를 수식할 경우에는
다음과 같이 불규칙한 형태로 변합니다.

1) 먼저 **buono** 는 마치 부정관사(**un, uno, una, un'**)처럼 변하는 형용사입니다.
(제05과 부정관사 코너를 참고하시면 이해가 쉽습니다.)

(**lo sconto** 할인, **la notte** 밤, **l'amica** 친구 (여성))

buon + 남성단수명사

buon giorno
아침 인사

buono + **s** + 자음으로 시작하는 남성단수명사

buono sconto
좋은 할인

buona + 자음으로 시작하는 여성단수명사

buona notte
저녁 인사

buon' + 모음으로 시작하는 여성단수명사

buon'amica
좋은 친구(여성)

2) 그리고 **bello** 는 정관사 (**il, i, lo, gli, la, le, l'**)처럼 변하는 형용사입니다.
(제05과 정관사 코너를 참고하시면 이해가 쉽습니다.)

bel + 남성단수명사

bel ragazzo
아름다운 소년

bei + 남성복수명사

bei ragazzi
아름다운 소년들

bello + **s** + 자음으로 시작하는 남성단수명사

bello studente
아름다운 남학생

bell' + 모음으로 시작하는 남성단수명사

bell'amico
아름다운 친구 (남성)

begli + **s** + 자음, 또는
+ 모음으로 시작하는 남성복수명사

begli alberi
아름다운 나무들

bella + 자음으로 시작하는 여성단수명사

bella ragazza
아름다운 소녀

belle + 여성복수명사

belle amiche
아름다운 친구들 (여성)

bell' + 모음으로 시작하는 여성단수명사

bell'amica
아름다운 친구(여성)

Practical, **Useful** and
Easy-To-Understand Lessons!

From **basic greetings** and **expressions** to **grammar** and **conversations**!

**From basic greetings
and expressions
to grammar and conversations!**
Learn to understand and speak Languages quickly and easily!

buono 와 bello 가 뒤따라오는 명사의 첫자에 따라 형태가 변한다는 것에 너무 두려움을 느낄
필요는 없습니다. 우리는 이미 앞선 과에서 부정관사 un/uno/una/un' 과 정관사 il/lo/l'/la/le 가
어떤 명사의 앞에 오게 되는지 배웠습니다. buono 는 부정관사의 규칙을 그대로 따르는 것이고,
bello 는 정관사의 규칙을 그대로 따르고 있습니다.

(conoscere 알다, il ristorante 레스토랑, essere ~이다, l'amica 친구(여성), il ragazzo 소년,
lo studente 학생)

Io conosco un buon ristorante.
나는 좋은 레스토랑을 알고 있습니다.

Lei è una buon'amica.
그녀는 좋은 친구입니다.

Marco è un bel ragazzo.
Marco는 아름다운 소년입니다.

Noi siamo begli studenti.
우리는 아름다운 학생입니다.

 ## 84. 이탈리아어 형용사의 위치!

일반적으로 이탈리아어에서 형용사라고 하면 '품질형용사' (aggettivi qualificativi)를
지칭하며, 명사의 뒤에 위치하여 명사의 품질을 설명/수식합니다.
(bello 아름다운, brutto 못생긴, carino 귀여운 등)

(il cane 개, carino 귀여운, brutto 못생긴, il gatto 고양이)

Ho un cane carino.
나는 귀여운 강아지 한 마리를 가지고 있습니다.

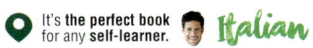
It's the perfect book
for any self-learner. Italian

Ha un brutto gatto.
그는 못생긴 고양이 한 마리를 가지고 있습니다.

때때로 이탈리아어 형용사는 명사의 앞과 뒤, 모두에 쓰일 수 있습니다.
단! 몇몇 형용사는 위치에 따라 의미가 달라질 수 있다는 것이 중요한 포인트입니다.

 ## 8-5. 항상 명사 뒤에 오는 이탈리아어 형용사들!

품질형용사의 한 종류인 '관계형용사' (**aggettivi relazionali**)는 명사에서 파생된 형용사로,
어미가 **-ale, -are, -istico, -ista, -ano, -oso, -ario, -ico, -ato, -ivo** 로 끝납니다.
이와 같은 관계형용사는 항상 명사 뒤에 위치합니다.
그리고 색, 국적, 모양을 나타내는 형용사도 명사 뒤에서 수식합니다.

(**il regalo** 선물, **costoso** 비싼, **il ragazzo** 소년, **italiano** 이탈리아인의/이탈리아어의,
la macchina 자동차, **nero** 검은색의, **lo specchio** 거울, **ovale** 타원형의)

È un regalo costoso.
그것은 비싼 선물입니다.

È un ragazzo italiano.
그는 이탈리아 소년입니다.

Ho una macchia nera.
나는 검은색 차 한 대를 가지고 있습니다.

È uno specchio ovale.
그것은 타원형의 거울입니다.

 From **basic greetings** and **expressions** to **grammar** and **conversations**!

From **basic greetings** and **expressions** to **grammar** and **conversations**!

multi Plus

Learn to understand and speak Languages quickly and easily!

Practical, Useful and Easy-To-Understand Lessons

114

08+.
Lezione 08. Multi+Plus
이탈리아어가 생생해지는 형용사 표현!

형용사는 여러분의 이탈리아어에 생기를 불어넣어 드릴 것입니다.
이탈리아어 형용사와 함께 하는 생생한 생활표현입니다.

It's the perfect book for any self-learner   *Italian*

8-1+. 이탈리아어 형용사로 성격을 말하다!

이탈리아어 형용사를 알면 사람들의 성격을 묘사할 수 있습니다.
이탈리아어 형용사는 명사에 성수를 일치시킨다는 점, 항상 기억해주십시오.

(**essere** ~이다, **e** 그리고, **vivace** 활발한, **timido** 수줍음이 많은, **spiritoso** 유머러스한)

essere 동사의 인칭별 변화형은 다음과 같습니다. : **sono / sei / è / siamo / siete / sono**

Clara è vivace.
클라라는 활발합니다.

Clara e Maria sono timide.
클라라와 마리아는 수줍음이 많습니다.

Paolo è spiritoso.
파올로는 유머러스합니다.

Paolo e Alessio sono spiritosi.
파올로와 알레씨오는 유머러스합니다.

The best and quickest way
to communicate
in a new language!
Learn to understand
and speak Languages
quickly and easily!

8-2+. 이탈리아어 형용사 **buono** 가 있는 '좋은' 표현!

이탈리아어에는 형용사 **buono/-a** (좋은 - 영어의 **good**)가 들어있는
좋은 인사표현들이 많습니다.
다음의 인사표현은 문법을 따지기보다는 통째로 기억하는 것이 좋습니다.
인사는 그냥 인사입니다. 입에 찰싹 붙이는 것이 제일 중요합니다.

Buona idea!
좋은 생각이야!

Buona fortuna!
행운을 빌어!

Buon viaggio!
좋은 여행 되시기를!

Buon appetito!
맛있게 드세요!

8-3+. 이탈리아어 생생 생활표현!

곧바로 언제든지 사용할 수 있는 꿀 같은 이탈리아어 생활표현 몇 가지를 소개합니다.

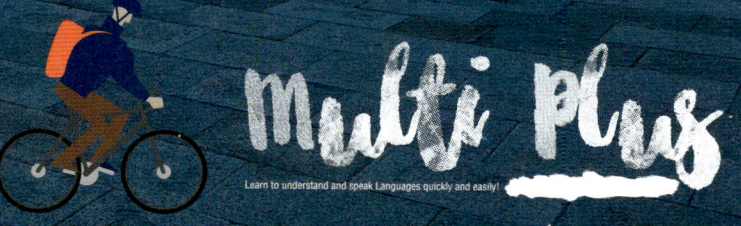
❶ 축하표현!

Congratulazioni!
축하해!

Tanti auguri!
생일 축하해!

❷ 건배표현!

Alla salute!
건배!

Cin Cin!
건배!

❸ 도움을 청할 때!

Aiuto!
도와주세요!

Pericolo!
위험해!

09.
Lezione 09.
이탈리아어의 다채로운 형용사 (2)
Quell'uomo è simpatico.
그 남자는 친절합니다.

이탈리아어에는 다양한 종류의 형용사들이 있습니다.
품질형용사 이외에도 지시형용사 (이것의/저것의),
의문형용사 (어떤/무슨), 부정형용사 (모든/몇 개의) 그리고
소유형용사 (나의/너의) 등이 있습니다.
이번 과에서는 좀 더 다양한 형용사를 이용해서 다양한 표현을 만나보겠습니다.

Quell'uomo è simpatico.

It's the perfect book for any self-learner.

From **basic greetings** and **expressions** to **grammar** and **conversations**!

 The best and quickest way to communicate in a new language!
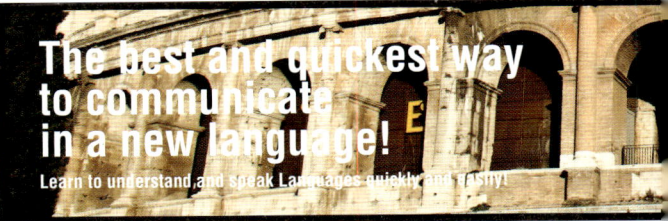
The best and quickest way to communicate in a new language!
Learn to understand and speak Languages quickly and easily!

 ## 9-1. 이탈리아, 최강의 커피!

현존하는 가장 오래된 커피 집은 베네치아에 있는 **Caffè Florian** (카페 플로리안)입니다.
카페 플로리안은 베네치아의 산 마르코 광장에 위치하고 있으며, 1720년에 세워져 바이런, 괴테, 루소, 가리발디, 쇼팽, 나폴레옹 등 유명인사들의 이용으로 유명세를 탔습니다. 카페 플로리안에 가면 피아노, 바이올린, 첼로 등의 연주 소리를 들으며 이탈리아의 정통 커피를 맛볼 수 있습니다. 이탈리아는 스타벅스 같은 유명 커피 체인점이 발붙일 수 없을 정도로 커피가 맛있고, 값이 쌉니다. 보통 1유로 정도면 서서 커피 한 잔을 마실 수 있습니다. 이탈리아는 자릿세 개념이 있기 때문에 바에 앉아서 커피를 마시게 되면 가격이 좀 더 올라갑니다. 이탈리아 사람들이 가장 선호하는 커피는 **espresso** (에스프레소)이고, 하루에 8천만 잔을 소비한다고 합니다. 아침에는 보통 **brioche** (브리오쉬)라는 크로와상과 함께 **cappuccino** (카푸치노)나 **caffè latte** (카페라 테)를 마십니다. 이탈리아의 대표적 커피 브랜드로는 **Lavazza** (라밧짜)와 **Illy** (일리)가 있습니다.

9-2. 항상 명사 앞에 오는 이탈리아어 형용사들!

이탈리아어에는 다양한 종류의 형용사가 있습니다.
이들 중 '지시형용사' (**aggettivi dimostrativi**), '의문형용사' (**aggettivi interrogativi**), '부정형용사' (**aggettivi indefiniti**) 그리고 '소유형용사' (**aggettivi possessivi**) 등은 명사 앞에 위치하는 형용사입니다.

1) 이탈리아어 지시형용사 (**aggettivi dimostrativi**)

'이/그/저'의 의미로 지시를 나타내는 지시형용사는 명사의 앞에 위치하며,
형용사처럼 명사를 수식하는 역할을 합니다.
따라서 다른 형용사와 마찬가지로 뒤따라오는 명사와 성과 수를 일치시켜야 합니다.
대표적인 지시형용사로는 **questo** (이것의)와 **quello** (저것/그것의)가 있습니다.
questo 는 뒤에 오는 명사의 성과 수에 따라 **-o** 로 끝나는 형용사의 변형규칙으로 변하는
반면 **quello** 는 (형용사 **bello** 처럼) 정관사의 변화규칙을 따릅니다.
quello 는 정관사 **il, i, lo, gli, la, le, l'** 처럼 변하는 형용사입니다.
(제5과의 정관사 규칙과 제8과의 형용사 **bello** 변화형을 참고하세요.)

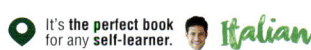

+ Pronunciation Guide
+ Basic Grammar
+ Common Expressions

quel + 남성단수명사	**quel ragazzo** 그 소년
quei + 남성복수명사	**quei ragazzi** 그 소년들
quello + [S+자음]으로 시작하는 남성단수명사	**quello studente** 그 남학생
quell' + 모음으로 시작하는 남성단수명사	**quell'amico** 그 친구 (남성)
quegli + [S+자음]/모음으로 시작하는 남성복수명사	**quegli alberi** 그 나무들
quella + 자음으로 시작하는 여성단수명사	**quella ragazza** 그 소녀
quelle + 여성복수명사	**quelle amiche** 그 친구들 (여성)
quell' + 모음으로 시작하는 여성단수명사	**quell'amica** 그 친구 (여성)

(**l'uomo** 남자, **essere** ~이다, **simpatico** 친절한, **la donna** 여성, **severo** 엄격한, **il bambino** 남자 아이, **rumoroso** 소란스러운, **la casa** 집, **caro** 비싼)

Quell'uomo è simpatico.
그 남자는 친절합니다.

Quella donna è severa.
그 여성은 엄격합니다.

Quei bambini sono rumorosi.
그 아이들은 소란스럽습니다.

Quelle case sono care.
그 집들은 비쌉니다.

121

Practical, **Useful** and
Easy-To-Understand Lessons!

From **basic greetings** and **expressions** to **grammar** and **conversations!**

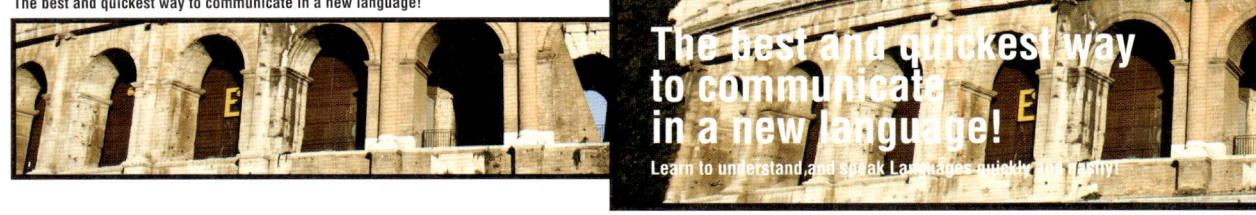

The best and quickest way to communicate in a new language!

Learn to understand and speak Languages quickly and easily!

2) 이탈리아어 의문형용사 (**aggettivi interrogativi**)

의문형용사는 명사 앞에 와서 의문문을 만들어 주는 형용사입니다.
의문형용사는 반드시 명사 앞에 오며, 관사와는 절대 함께 쓰일 수 없습니다.
의문형용사 중 **che** 를 제외한 나머지 모두는 명사의 성과 수에 일치시켜야 합니다.

che 무슨	quale 어떤	quanto 얼마나
che + 남성단수명사	quale + 남성단수명사	quanto + 남성단수명사
che + 남성복수명사	quali + 남성복수명사	quanti + 남성복수명사
che + 여성단수명사	quale + 여성단수명사	quanta + 여성단수명사
che + 여성복수명사	quali + 여성복수명사	quante + 여성복수명사

(**la cosa** 물건/일, **guardare** 보다, **il lavoro** 일, **fare** 하다, **il libro** 책, **preferire** 선호하다, **il documento** 자료, **volere** 원하다, **i soldi** 돈, **avere** 가지다, **la volta** 번, **andare** 가다, **in** ~에, **la biblioteca** 도서관)

Che cosa guardi?
무엇을 보고 있니?

Che lavoro fai?
무슨 일을 하니?

Quale libro preferisci?
어떤 책을 선호하니?

Quali documenti vuoi?
어떤 자료를 원하니?

Quanti soldi hai?
돈을 얼마나 가지고 있니?

Quante volte vai in biblioteca?
도서관에 몇 번 가니?

Practical, Useful and Easy-To-Understand Lessons!

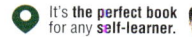

Italian

3) 이탈리아어 부정형용사 (aggettivi indefiniti)

부정형용사는 명사 앞에 와서, 명사의 수나 양에 관한 수식을 하는 형용사입니다.
먼저 부정형용사 **nessuno** (어떠한 ~도 ~않다), **ciascuno** (각자의/모든)은
단수명사 앞에만 오며, 뒤따라 오는 명사가 남성단수인 경우 부정형용사의 마지막 모음이 **-o**,
여성단수명사인 경우에는 마지막 모음이 **-a** 로 변합니다.

(**non** ~아니다, **conoscere** 알다, **l'uomo** 사람/남자, **lo studente** 학생, **dovere** ~해야만 한다,
usare 사용하다, **proprio** 자기 자신의, **la penna** 펜)

Non conosco nessun uomo.
나는 어떠한 사람도 알지 못합니다.

Ciascuno studente deve usare la propria penna.
모든 학생은 자기 자신의 펜을 써야만 합니다.

그리고 부정형용사 **ogni** (모든), **qualche** (몇 개의), **qualunque** (어떤 ~라도), **qualsiasi**
(어떤 ~든지) 등은 뒤에 단수명사만 오게 되며, 수식해주는 명사의 성과 수에 따라 변화하지
않는 불변화 형용사입니다.

(**ogni** 모든, **il giorno** 날, **bere** 마시다, **il latte** 우유, **la ragazza** 소녀, **parlare** 말하다,
l'inglese 영어, **fare** 하다, **la domanda** 질문, **potere** ~할 수 있다, **chiedere** 묻다,
l'informazione 정보)

Ogni giorno bevo il latte.
매일 나는 우유를 마십니다.

Qualche ragazza parla inglese.
몇 명의 소녀들이 영어를 말한다.

Puoi fare qualunque domanda.
어떤 질문이라도 너는 물어봐도 된다.

Puoi chiedere qualsiasi informazione.
어떤 정보든지 너는 물어봐도 된다.

4) 이탈리아어 소유형용사 (aggettivi possessivi)

소유형용사는 누구의 소유인지를 알려주는 형용사입니다.
소유형용사는 명사 앞에서 명사를 수식합니다.
이때, 소유주가 아닌 소유물을 수식한다는 점을 꼭 주의해야 합니다!
소유형용사도 마찬가지로 명사의 성과 수에 따라 형태가 변합니다.
단, loro (그들의)는 뒤따라오는 명사의 성과 수에 영향을 받지 않기 때문에 주의가 필요합니다.
그리고 소유형용사 앞에 정관사만 붙여주면 소유대명사가 됩니다.
소유형용사와 소유대명사는 같은 단어로 되어있다고 볼 수 있습니다.

	남성단수	남성복수	여성단수	여성복수
나의	mio	miei	mia	mie
너의	tuo	tuoi	tua	tue
그/그녀/당신의	suo	suoi	sua	sue
우리의	nostro	nostri	nostra	nostre
너희들의	vostro	vostri	vostra	vostre
그들의	loro	loro	loro	loro

(il libro 책, l'amica 친구)

소유형용사 〉 소유대명사

il mio libro > il mio
나의 책 　〉　 나의 것

la sua amica > la sua
그/그녀의 친구(여성) 〉 그/그녀의 것

소유형용사 〉 소유대명사

i miei libri > i miei
나의 책들 　〉　 나의 것들

le sue amiche > le sue
그/그녀의 친구들(여성) 〉 그/그녀의 것들

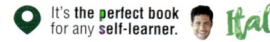

+ Pronunciation Guides
+ Basic Grammar
+ Common Expressions

소유형용사 **mio** 나 **suo** 가 꾸며주는 명사의 성과 수에 따라서 소유형용사가 성수일치를 하게 됩니다. 소유형용사는 정관사 혹은 부정관사와 함께 쓰이는 것이 원칙이나 다음과 같이 가족 구성원을 나타내는 단수명사 앞에서는 정관사를 생략해야 합니다.

(**la madre** 엄마, **il fratello** 남자 형제)

mia madre
나의 어머니

mio fratello
나의 남자 형제

가족 구성원을 나타내는 명사가 복수이거나 애칭(**mamma** 엄마, **papà** 아빠, **fratellino** 남동생, **sorellina** 여동생)일 경우, 소유형용사 **loro** 를 쓸 때에는 정관사와 함께 하는 것이 원칙입니다.

i miei fratelli
나의 남자 형제들

la mia mamma
나의 엄마

il mio fratellino
나의 남동생

la loro madre
그들의 어머니

(**la madre** 어머니, **cucinare** 요리하다, **bene** 잘, **la mamma** 엄마, **la sorella** 여자 형제, **essere** ~이다, **bello** 아름다운, **il fratello** 남자 형제, **alto** 키가 큰)

Mia madre cucina bene.
나의 어머니는 요리를 잘하십니다.

La mia mamma cucina bene.
나의 엄마는 요리를 잘하십니다.

Sua sorella è bella.
그/그녀의 누나/언니는 아름답습니다.

Loro fratello è alto.
그들의 형/동생은 키가 큽니다.

Practical **Useful** and
Easy-To-Understand Lessons!

125

From **basic greetings** and **expressions** to **grammar** and **conversations**!

multi plus

Learn to understand and speak Languages quickly and easily!

09+.
Lezione 09+. Multi Plus
이탈리아어로 기본적인 대화 시작하기!

주격인칭대명사와 **essere** 동사만 알면 말할 수 있는 이탈리아어 표현이 엄청나게 많아집니다.
그래서 이번에는 감정/상태와 위치 표현을 준비했습니다.

9-1+. 이탈리아어로 '감정/상태'를 말하자!

인칭대명사와 **essere** 동사를 활용해 다양한 감정과 상태를 나타낼 수 있습니다.
감정이나 상태를 좀 더 강조하고 싶을 때는 형용사 앞에 **molto** (매우)
또는 **un po'** (약간의)를 넣으면 됩니다.

(**felice** 행복한, **la ragazza** 소녀, **triste** 슬픈, **il medico** 의사, **molto** 매우, **stanco/a** 피곤한,
l'attore 남배우, **un po'** 약간의, **occupato** 바쁜)

Io sono felice.
나는 행복합니다.

La ragazza è triste.
그 소녀는 슬프다.

Il medico è molto stanco.
그 의사는 매우 피곤합니다.

Gli attori sono un po' occupati.
그 배우들은 약간 바쁩니다.

9-2+. 이탈리아어로 '위치'를 말하자!

세상 누구에게나 가장 궁금한 위치는 '화장실'입니다. ^ㄴ^
essere 동사에 장소 전치사구를 살짝 더해주면 위치를 표현할 수 있습니다.

127 Practical, Useful and Easy-To-Understand Lessons!

(dove 어디, **il bagno** 화장실, **la stanza** 방, **nella in + la** 의 결합형, **in** ~안에,
accanto a ~ 옆에, **a destra di** ~ 의 오른쪽에, **a sinistra di** ~ 왼쪽에)

Dov'è il bagno?
화장실이 어디에요?

È nella stanza.
방 안에 있습니다.

È accanto alla stanza.
방 옆에 있습니다.

È a destra della stanza.
방 오른쪽에 있습니다.

È a sinistra della stanza.
방 왼쪽에 있습니다.

9-3+. 이탈리아어 결정적 한 단어! (확인표현)

Davvero?
정말?

Sul serio?
정말?/진심이야?

Sicuro/a?
진심이야?

상대방이 남성이면 **sicuro**, 여성이면 **sicura** 로 묻습니다.

Certo.
물론이지.

128

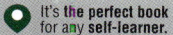

9-4+. 이탈리아어 인사표현 총정리!

Buon giorno!
안녕하세요! / 안녕히 계세요! (오전 ~ 점심시간)

Buona sera!
안녕하세요! / 안녕히 계세요! (늦은 오후 (시에스타 이후) ~ 저녁시간)

Buona notte!
안녕히 주무세요! / 잘 자! (밤에 잠자러 갈 때)

Buona giornata!
좋은 하루 되세요! / 좋은 하루! (오전 ~ 점심시간에 헤어질 때)

Buona serata!
좋은 저녁 시간 되세요! / 좋은 저녁 시간 보내! (저녁에 헤어질 때)

Salve!
안녕하세요! (아무 때나 할 수 있는 인사 (존칭))

Ciao!
안녕! (아무 때나 할 수 있는 인사 (비존칭))

Arrivederci!
안녕히 가세요! / 안녕히 계세요! (아무 때나 헤어질 때 할 수 있는 인사 (존칭))

A presto!
곧 보자!

A dopo!
나중에 봐!

The best and quickest way
to communicate in a new language!
Learn to understand and speak Languages quickly and easily!

130

10.
Lezione 10.
이탈리아어 재귀형 표현!
Mi sveglio presto la mattina.
나는 아침 일찍 일어납니다.

이탈리아어로 '입다, 씻다, 잠들다, 깨다' 등의 표현을 할 때 재귀동사라는 것이 쓰입니다.
우리말에 없는 개념이라 다소 생소할 수 있지만 일반동사와 크게 다르지 않습니다.
일반적으로 자기 자신에게 일어나는 행위를 표현할 때 재귀 대명사를 함께 써서 표현하게
되는데 이를 재귀동사라고 부릅니다. 이번 과에서는 우리에게 다소 생소할 수 있는
재귀동사에 관해 학습해보도록 하겠습니다. 전혀 어렵지 않습니다! ^◡^

mi sveglio presto
la mattina.

It's the perfect book for any self-learner.

Practical, Useful and
Easy-To-Understand Lessons!

From basic greetings and expressions to grammar and conversations!

 ## 10-1. 이탈리아인의 시에스타 문화!

이탈리아에는 낮잠(**siesta**) 문화가 있습니다.
시에스타 문화는 특히 지중해권 지역에 발달해 있습니다.
이 지역은 여름 낮 기온이 굉장히 높아서 일상 활동이 매우 어렵습니다.
그래서 일반적으로 이르면 점심식사 시간부터 오후 4시까지 영업을 중지하고, 4시에 영업을 재개해 8시 이전에 문을 닫습니다. 은행과 우체국, 관공서까지 문을 닫기 때문에 필요한 업무는 아침 일찍 보거나 4시 이후에 해야 합니다.
이탈리아 사람들은 시에스타 시간을 이용하여 아이들의 하교를 돕기도 하고, 점심식사를 집에 와서 해결하기도 합니다. 물론 낮잠을 자기도 하고요. 그리고 현재 일부 북부 대도시에서는 시에스타 문화가 사라지고 있기도 합니다.

 ## 10-2. 이탈리아어 재귀대명사!

'재귀동사' (**verbi riflessivi**)는 일반동사에 재귀대명사가 함께 쓰여
'자기 자신에게 무슨 일을 하다'라는 의미로 쓰입니다.
재귀동사는 '재귀대명사' (**pronimi riflessivi**)가 필요하며, 재귀대명사는 영어의 **myself, yourself, himself** 등과 비교할 수 있습니다.
재귀동사에 대해 알아보기에 앞서 재귀대명사의 종류를 알아보겠습니다.

io	**mi** 나 자신	**noi**	**ci** 우리 자신
tu	**ti** 너 자신	**voi**	**vi** 너희 자신
lui/lei/Lei	**si** 그/그녀/당신 자신	**loro**	**si** 그들 자신

재귀대명사는 동사원형과 함께 올 경우 동사원형의 뒤에 오고,
동사가 인칭에 따라 변화한 경우에는 동사 앞에 옵니다.

 ## 10-3. 대표적인 이탈리아어 재귀동사!

모든 동사가 재귀대명사와 함께 쓰여 재귀동사가 될 수 있는 것은 아닙니다.
재귀동사의 기본 의미는 자기자신에게 어떠한 행위를 하는 것입니다.
재귀동사는 동사의 원형에서 마지막 **-e** 를 떼고 **-si** 를 붙인 형태입니다.
문장에서 쓰일 때는 주어의 인칭에 따라 동사와 재귀대명사를 일치시켜야 하기 때문에
주어가 1인칭단수형태면 동사 앞에 재귀대명사 **mi** 를 위치시켜 **mi alzo** (나는 잠자리에서 일어
난다)처럼 문장을 만듭니다.

다음은 대표적인 재귀동사입니다.

alzarsi
(잠자리에서) 일어나다

Mi alzo.
나는 (잠자리에서) 일어난다.

addormentarsi
잠들다

Mi addormento.
나는 잠이 든다.

sentirsi
상태가 ~하다

Mi sento ~.
나는 기분이 ~하다.

sedersi
앉다

Mi siedo.
나는 앉는다.

chiamarsi
이름이 ~이다

Mi chiamo ~.
내 이름은 ~입니다.

예문을 통해 일반동사와 재귀동사의 차이점을 알아보겠습니다.

(**alzare** ~을 높이다 (타동사), **alzarsi** 일어나다 (재귀동사), **il volume** 볼륨, **presto** 일찍)

Io alzo il volume.
나는 볼륨을 높입니다.

Io mi alzo presto.
나는 일찍 일어납니다.

타동사 **alzare** (~을 높이다)는 첫 번째 문장에서 목적어인 **il volume** 에 영향을 주는 것이고, 재귀동사 **alzarsi** (일어나다)는 두 번째 문장에서 주어의 행위가 자기 자신 **mi** 에게 영향을 주는 경우입니다. 이렇듯 일반동사가 재귀형태로 쓰이는 경우는 주어 자신에게 일어나는 행위일 때만 가능합니다.

10-4. 이탈리아어 재귀동사의 변화형!

재귀동사도 일반동사와 마찬가지로 주어와 격을 일치시켜야합니다.
다시 말해 주어의 인칭에 따라 동사의 형태가 변합니다.
재귀대명사는 주어와 동사의 사이에 올 수 있습니다.
이때 주격대명사인 **io, tu, lui** … 는 생략합니다.
하지만 재귀대명사는 절대 생략할 수 없습니다.
재귀대명사와 함께 쓰이는 재귀동사의 변화형을 학습해보도록 하겠습니다.

(**svegliarsi** 잠에서 깨다)

(io) Mi sveglio.
나는 잠에서 깬다.

(noi) Ci svegliamo.
우리는 잠에서 깬다.

(tu) Ti svegli.
너는 잠에서 깬다.

(voi) Vi svegliate.
너희는 잠에서 깬다.

(lui/lei/Lei) Si sveglia.
그/그녀/당신은 잠에서 깬다.

(loro) Si svegliano.
그들은 잠에서 깬다.

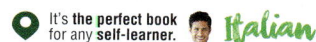

(**presto** 일찍, **la mattina** 아침, **molto** 매우, **tardi** 늦게, **la doccia** 샤워, **bene** 잘)

Mi sveglio presto la mattina.
나는 아침 일찍 일어납니다.

Si addormenta molto tardi.
그는 매우 늦게 잠듭니다.

Mi faccio la doccia.
나는 샤워를 합니다.

Si sentono bene.
그들은 잘 지냅니다.

Si chiama Luca.
그의 이름은 Luca입니다.

10-5. 재귀동사를 사용한 의문문과 부정문!

재귀동사의 의문문은 평서문과 같습니다.
재귀동사의 부정문을 만들 때도 역시 일반동사와 마찬가지로 **non** 을 통해 부정문을
만들 수 있습니다. 이때 **non** 은 재귀대명사 앞에 옵니다.

(**bene** 잘, **presto** 일찍)

Ti senti bene?
너 괜찮니?

Si sveglia presto?
그는 일찍 일어납니까?

Non mi sento bene.
나는 상태가 좋지 않습니다.

Non si sveglia presto.
그는 일찍 일어나지 않습니다.

 ## 10-6. 이탈리아어, 상호작용을 말하다!

재귀동사는 자기 자신에게 일어나는 행위를 표현할 때 쓰이지만,
그밖에도 '상호작용'을 할 때 사용할 수도 있습니다.
상호작용이란 둘 이상이 서로가 서로에게 영향을 끼치는 것을 말합니다.
따라서 이때 쓰일 수 있는 재귀대명사는 1인칭복수형 **ci**, 2인칭복수형 **vi**,
3인칭복수형 **si** 만이 올 수 있습니다.
상호작용의 의미로 쓰일 수 있는 재귀동사로는 다음과 같은 것이 있습니다.

abbracciarsi (껴안다) **baciarsi** (키스하다) **incontrarsi** (만나다)
salutarsi (인사하다) **separarsi** (헤어지다) **dividersi** (나누다)

(**forte** 강하게, **spesso** 자주, **tutto** 모든 것)

Ci abbracciamo forte.
우리는 강하게 서로를 껴안는다.

Si baciano.
그들은 키스를 한다.

Vi incontrate spesso?
너희들은 자주 만나니?

Ci dividiamo tutto.
우리는 모든 것을 나눈다.

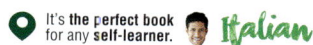

 ## 10-7. 이탈리아어의 불특정주어!

문장은 주어와 동사로 이루어집니다.
문장 내에서 군이 주어를 표현하지 않아도 되는 경우 즉, 주어가 불특정한 다수일 때
이탈리아어에서는 주어를 생략합니다. 이때 재귀대명사 **si** 를 사용해 주어가 없는 문장을 만들
수 있습니다.

(**in** ~(안)에, **l'Italia** 이탈리아, **guidare** 운전하다, **a destra** 오른쪽에/오른쪽으로,
la Corea 한국, **mangiare** 먹다, **il riso** 쌀, **imparare** 배우다, **bene** 잘, **con** ~으로,
questo 이, **il libro** 책, **parlare** 말하다, **di** ~에 대해, **lui** 그)

In Italia si guida a destra.
이탈리아에서는 오른쪽 차도로 운전을 합니다.

In Corea si mangia il riso.
한국에서는 쌀을 먹습니다.

Si impara bene con questo libro.
이 책으로 잘 배웁니다.

Si parla di lui.
누군가가 그에 대해 말을 합니다.

multi plus

Learn to understand and speak Languages quickly and easily!

10+.
Lezione 10. Multi-Plus
이탈리아어 실전 통성명!

이탈리아어로 이름을 묻고 소개하는 법에 대해 알아보겠습니다.
이름을 소개할 때는 재귀동사 **chiamarsi** 가 필요합니다.

It's the perfect book
for any self-learner. *Italian*

10-1+. 이탈리아어로 이름 묻기!

이탈리아어도 '너의 이름이 무엇이니?'라고 직접적인 표현으로 묻기도 하지만,
살짝 독특하게 '너 자신을 어떻게 부르니?'라는 표현을 사용하기도 합니다.
이때의 대답은 '나 자신을 ~라고 불러.'가 되는 것이고요.

(**come** 어떻게, **ti chiami** 너 자신을 ~ 부르다, **mi chiamo** 나 자신을 ~ 부르다,
qual 어떤 것, **tuo** 너의, **mio** 나의, **il nome** 이름)

Come ti chiami?
너 자신을 어떻게 부르니? (너 이름이 뭐니?)

Mi chiamo Emma.
나 자신을 엠마라 불러. (나는 엠마야.)

Qual è il tuo nome?
너의 이름은 무엇이니?

Il mio nome è Silvia.
내 이름은 실비아야.

10-2+. 이탈리아어 실전 통성명 (1)

다음은 친구 사이에 서로를 소개하고 인사를 나누는 방법입니다.

(**ti** 너에게/너를, **presentare** 소개하다, **mio** 나의, **l'amico** 친구, **il piacere** 즐거움,
di ~해서, **conoscere** 알다, **come** 어떻게)

Paola : **Ti presento il mio amico Daniele.**
너에게 내 친구 Daniele를 소개할께.

Maria : **Piacere di conoscerti!**
만나서 반가워!

Daniele : **Piacere mio! Come ti chiami?**
나도 반가워! 이름이 뭐니?

Maria : **Mi chiamo Maria.**
내 이름은 Maria야.

10-3+. 이탈리아어 실전 통성명 (2)

다음은 처음 보는 사람, 존대가 필요할 경우의 인사법입니다.

(**scusare** 용서하다/용서를 구하다, **lei** 그녀, **la signora** 부인, **sì** 응/네, **essere** ~이다, **Lei** 당신, **come** 어떻게)

Riva : **Scusi, è lei la signora Rossi?**
실례합니다, Rossi 부인이신가요?

Rossi : **Sì, sono io, e Lei come si chiama?**
네, 저에요. 그런데 당신의 이름은 무엇인가요?

Riva : **Sono Riva, piacere.**
저는 Riva입니다. 반가워요.

이름을 묻는 방법은 비존칭형 **Come ti chiami?** (너의 이름은 뭐니?)와 존칭형 **Come si chiama?** (당신의 이름은 무엇입니까?)가 있습니다. 이에 대한 대답은 **Mi chiamo ~.** (내 이름은 ~이야./~입니다.) 혹은 **Sono ~.** (내 이름은 ~이야./~입니다.)라고 합니다.

10-4+. 이탈리아 사람 이름 베스트 10

'철수'나 '영희' 같은 '이탈리안 국민이름'들이 있습니다.
이탈리아 남녀 이름 베스트 **TOP 10** 을 소개합니다.

여자 이름 베스트 :

Giulia, Martina, Chiara, Sara, Alessia,

Francesca, Sofia, Giorgia, Elisa, Alice

남자 이름 베스트 :

Francesco, Alessandro, Andrea, Matteo, Lorenzo,

Luca, Mattia, Simone, Davide, Marco

11.
Lezione 11.
아기자기한 이탈리아어 전치사를 한자리에!
Il gatto è vicino al cane.
고양이는 강아지 옆에 있습니다.

이번 과에서는 장소를 나타낼 수 있는 이탈리아어 전치사와 부사에 대해
알아 보겠습니다.

Il gatto è vicino al cane.

It's the perfect book for any self-learner.

Practical, Useful and Easy-To-Understand Lessons!

From basic greetings and expressions to grammar and conversations!

 ## 11-1. 이탈리아 사람들의 삼시세끼!

이탈리아 사람들, '아침과 점심은 거지처럼, 저녁은 왕처럼 먹는다!'고 합니다.
아침은 주로 **bar** (바)에서 간단하게 크루아상을 닮은 **brioche** (브리오시) 하나와 커피 한 잔 그리고 즉석에서 뽑아낸 **spremuta** (과일 주스)를 마십니다. 혹은 빵 대신 쿠키 몇 개로 대신하기도 합니다. 아이들도 빵이나 쿠키를 우유와 함께 간단히 먹습니다. 점심은 주로 이탈리아식 샌드위치인 **panini** (빠니니)나 **pizza** (피자) 한 조각 또는 샐러드로 가볍게 해결합니다. 아침, 점심을 부실하게 먹기 때문에 저녁은 상대적으로 거하게 먹습니다. 저녁식사 전에 먼저 식전주를 하고, 저녁식사는 보통 8시에서 9시 정도로 늦게 하며, 주로 파스타나 고기류 등의 정찬을 먹습니다. 저녁식사 시간이 늦다고 늦게 취침하지는 않으며, 먹고 나서 바로 자기 때문에 아침에는 배가 고프지 않아 가볍게 식사를 할 수 있습니다.

 ## 11-2. 이탈리아어 장소전치사!

이탈리아어의 전치사는 잘 발달되어 있습니다.
또한 이탈리아어의 전치사는 다양한 의미로 사용할 수가 있어서 한꺼번에 외우기보다는 시간을 갖고 다양한 문장을 접하며 천천히 눈에 익히는 것이 가장 좋은 방법입니다. 이탈리아어 전치사 학습의 왕도는 천천히 여유를 가지고 반복하는 것입니다.

(괄호 안의 전치사 (a)는 장소명사 앞에 써도 되고 안 써도 된다는 표시입니다.)

sotto	~ 아래에	**dentro (a)**	~ 안에
davanti a	~ 앞에	**dietro (a)**	~ 뒤에
sopra	~ 위에	**tra, fra**	~ 사이에
in	~ 안에	**su**	~ 위에
a	~ 에	**da**	~ 로부터
di fronte a	~ 앞에	**in mezzo a**	~ 가운데에
intorno a	~ 주변에	**accanto a**	~ 옆에
vicino a	~ 근처에		

essere 동사와 장소전치사만 있으면 '~은 ~에 있다.'라는 모든 표현이 가능해집니다.
어순은 '주어 + **essere** 동사 + 장소전치사 + 장소명사.'입니다.

(**il fiore** 꽃, **l'albero** 나무, **il libro** 책, **il tavolo** 탁자, **l'anello** 반지, **la scatola** 상자,
il gatto 고양이, **il cane** 개, **le scarpe** 신발, **la sedia** 의자, **la foglie** 나뭇잎,
la macchina 자동차, **la casa** 집)

Il fiore è sotto l'albero.
꽃은 나무 밑에 있습니다.

Il libro è sopra il tavolo.
책은 탁자 위에 있습니다.

L'anello è dentro alla scatola.
반지는 상자 안에 있습니다.

Il gatto è vicino al cane.
고양이는 강아지 옆에 있습니다.

Le scarpe sono sotto la sedia.
신발은 의자 아래에 있습니다.

Le foglie sono intorno agli alberi.
나뭇잎들은 나무 주변에 있습니다.

La macchina è di fronte alla casa.
자동차는 집 앞에 있습니다.

 ## 11-3. 이탈리아어 전치사의 축약현상!

이탈리아어는 발음을 매끄럽게 하기 위해 종종 발음축약을 합니다.
이것이 이탈리아어가 노랫소리처럼 부드럽게 들리는 이유이기도 합니다.
몇 가지 전치사들은 정관사와 함께 올 때 축약현상이 일어납니다.
만약 축약할 수 있는 상황에서 축약을 하지 않으면 비문이 됩니다.
이탈리아어에서 축약은 매우 중요한 문법입니다.
다음은 축약현상이 일어나는 전치사를 정리한 것입니다.

The best and quickest way
to communicate in a new language!
Learn to understand and speak languages quickly and easily!

	in 안에	su 위에	a ~에	di ~에/~의	da ~부터
il	nel	sul	al	del	dal
lo	nello	sullo	allo	dello	dallo
l'	nell'	sull'	all'	dell'	dall'
la	nella	sulla	alla	della	dalla
i	nei	sui	ai	dei	dai
gli	negli	sugli	agli	degli	dagli
le	nelle	sulle	alle	delle	dalle

전치사 **in**, **su**, **a**, **di**, **da** 뒤에 명사가 올 경우 정관사가 명사 앞에 놓일 수 있습니다.
이때 축약현상이 위의 표처럼 일어나는데 명사의 성과 수에 따라 달라집니다.

(**il libri** 책, **su + la = sulla, sulla tavola** 테이블 위에, **andare** 가다, **a + la = alla, all'università** 대학교에)

Ci sono i libri sulla tavola.
테이블 위에 책이 있습니다.

Vado all'università.
나는 대학교에 갑니다.

 ## 11-4. 이탈리아어 전치사의 규칙!

이탈리아어 전치사가 문장에 쓰일 때 몇 가지 규칙이 있습니다.
다소 헷갈릴 수 있는 부분이어서 규칙의 이해가 꼭 필요합니다.

1) 도시명 앞에는 정관사를 쓰지 않습니다.

(**andare** 가다, **da** ~부터, **a** ~에, **il mare** 바다, **la montagna** 산)

Va da Roma a Milano.
그는 로마에서 밀라노로 갑니다.

Vado dal mare alla montagna.
나는 바다에서 산으로 갑니다.

2)   **andare** + **a** + 도시명 / **andare** + **in** + 나라명

(**a** ~에, **in** ~에)

Vado a Parigi.
파리에 갑니다.

Vado in Francia.
프랑스에 갑니다.

3)   **andare** + **a** + 작은 섬 / **andare** + **in** + 큰 섬

섬 이름 앞에 전치사가 올 때 **Venezia** 처럼 작은 섬일 경우 전치사 **a**, **Sicilia** 처럼 큰 섬일 경우 전치사 **in** 을 씁니다. 전치사 **a** 와 **in** 모두 우리말로 '~에'라는 뜻으로 해석되기 때문에 가장 혼란스러워하는 전치사 중 하나입니다.

Vado a Venezia.
베니스에 갑니다.

Vado in Sicilia.
시칠리아에 갑니다.

 11-5. 전치사 **di** 를 사용한 표현!

이탈리아어 전치사 **di** 는 영어의 **of** 와 유사합니다.
전치사 **di** 의 또 다른 기능으로는 **essere** 동사를 사용해 물건의 재질을 나타낼 수 있습니다.

(**la porta** 문, **essere** ~이다, **di** ~으로 만들어진, **il legno** 목재, **la maniglia** 손잡이, **il metallo** 금속, **la collana** 목걸이, **l'oro** 금)

La porta è di legno.
문은 나무로 되어 있습니다.

La maniglia è di metallo.
손잡이는 금속으로 되어 있습니다.

La collana è d'oro.
목걸이는 금으로 되어 있습니다.

 ### 11-6. 이탈리아어의 부사!

부사는 성수변화가 없는 불변화 품사입니다.
부사는 형용사나 동사, 또 다른 부사, 절이나 문장 전체를 꾸며주는 역할을 합니다.
이탈리아어에서 부사의 위치는 비교적 자유로운 편입니다.
부사는 그 의미에 따라 시간, 장소, 정도나 빈도, 양태 부사 등으로 나뉠 수가 있습니다.
부사의 형태적인 특징은 보통 단어의 뒤가 **-mente** 로 끝난다는 것입니다.

1) 시간부사 :

ieri 어제, **oggi** 오늘, **domani** 내일, **adesso** 지금,
ora 지금, **allora** 그 당시, **subito** 즉시, **tardi** 늦게, **spesso** 자주

2) 장소부사 :

qui 여기, **qua** 여기, **lì** 거기/저기,
là 거기/저기, **ci** 여기/저기, **vi** 여기/저기

3) 정도부사/빈도부사 :

bene 좋게, **male** 나쁘게, **molto** 많게/매우, **poco** 적게, **meno** 덜

4) 양태부사 :

sì 네, **sicuro** 진짜로, **no** 아니오, **non** 아니다, **forse** 아마도

(**andare** 가다, **a** ~에, **la scuola** 학교, **trovarsi** 지내다, **mangiare** 먹다, **la cena** 저녁식사,
la cena 저녁식사, **dire** 말하다, **la bugia** 거짓말)

Oggi non vado a scuola.
나는 오늘 학교에 가지 않습니다.

Mi trovo molto bene qui.
나는 여기서 매우 잘 지냅니다.

Mangia poco a cena.
그는 저녁식사 때 적게 먹습니다.

Forse lui dice le bugie.
아마도 그는 거짓말을 하고 있는 것 같습니다.

그리고 형용사의 단수여성형에 **-mente** 라는 접미사를 붙이면 부사가 됩니다.
-e 로 끝난 형용사의 경우에는 마지막 모음의 변형없이 **-mente** 만 붙여 줍니다.

veloce 빠른   **velocemente** 빠르게
economico 경제적인   **economicamente** 경제적으로

(**comprare** 사다, **la macchina** 자동차, **correre** 달리다, **il prezzo** 가격,
indipendente 독립적인, **da** ~로부터, **i genitori** 부모)

Compro la macchina veloce.
나는 빠른 자동차를 삽니다.

La macchina corre velocemente.
자동차가 빠르게 달립니다.

È un prezzo economico.
그것은 경제적인 (싼) 가격입니다.

Marco è economicamente indipendente dai suoi genitori.
Marco는 부모님으로부터 경제적으로 독립했습니다.

multi plus

Learn to understand and speak Languages quickly and easily!

11+.
Lezione 11. Multi-Plus
이탈리아어 여행 회화가 강력해지는 코너!

이번에는 전치사를 알면 해결되는 여행회화, '호텔/관광 편'을 준비했습니다.

the perfect book
for any self-learner. Italian

11-1+. 전치사로 해결하는 호텔용 이탈리아어 회화!

전치사를 알면 호텔에서의 숙박이 깔끔하게 해결됩니다.
호텔용 회화 베스트 오브 베스트를 뽑았습니다.

(**avere** 가지다, **la camera** 방, **doppio** 두 배의, **libero** 자유로운, **volere** 원하다, **con** ~함께,
la vista 전망, **a che ora** 몇 시에, **essere** ~있다, **la colazione** 아침, **potere** ~할 수 있다,
usare 사용하다, **la piscina** 수영장, **quanto** 얼마, **costare** 비용이 들다, **per** ~동안,
uno 하나의, **la notte** 밤)

Practical, **Useful** and
Easy-To-Understand Lessons!

Avete una camera doppia libera?
두 사람을 위한 방이 있습니까?

Voglio una camera con vista.
전망 있는 방을 원합니다.

A che ora è la colazione?
조식은 몇 시입니까?

Posso usare la piscina?
수영장을 사용할 수 있습니까?

Quanto costa una camera per una notte?
1박에 얼마입니까?

The best and quickest way
to communicate
in a new language!
Learn to understand
and speak Languages
quickly and easily!

11-2+. 전치사로 해결하는 관광용 이탈리아어 회화!

전치사를 알면 관광도 한방에 해결됩니다.
길을 묻거나 길에서 말을 걸 때는 먼저 인사로 시작합니다.

(**mi** 나를, **scusare** 용서하다, **dove** 어디, **essere** ~있다, **il teatro** 극장, **in** ~ 안에,
il centro 시내, **come** 어떻게, **potere** ~할 수 있다, **arrivare** 도착하다, **ci** 그곳에)

Mi scusi.
실례합니다.

Dove è il teatro?
극장이 어디에 있습니까?

È nel centro.
시내에 있습니다.

Come posso arrivarci?
그곳에 어떻게 갑니까?

Mi scusi. 는 직역하면 '나를 용서하세요.' 의 의미지만, 관용적으로 '실례합니다.'로 씁니다.

(**potere** ~할 수 있다, **arrivare** 도착하다, **ci** 그곳에, **a piedi** 걸어서, **dovere** ~해야만 한다,
prendere 타다, **il taxi** 택시, **l'autobus** 버스, **la metro** 지하철)

Puoi arrivarci a piedi.

걸어서 그곳에 갈 수 있습니다.

Devi prendere un taxi / l'autobus / la metro.

택시/버스/전철을 타야 합니다.

11-3+. 이탈리아어 결정적 한 단어! (명령표현)

Entri!

들어오세요!

Aiuto!

도와줘요! / 살려줘요!

Attenzione!

주의! / 주목!

Attento!

조심해!

Vattene!

나가!

The best and quickest way
to communicate in a new language!
Learn to understand and speak Languages quickly and easily!

12.
Lezione 12.
이탈리아어 목적대명사와 이중목적대명사!
Ti posso chiedere un favore?

니에게 도움을 청해도 될까?

목적어를 필요로 하는 동사를 타동사라고 합니다. 이탈리아어에는 타동사와 함께 쓰는
목적격대명사라는 것이 있습니다. 목적격대명사는 다시 직접목적격대명사(~을/를)와
간접목적격대명사(~에게)로 나눌 수 있습니다.

Ti posso chiedere un favore?

It's the perfect book for any self-learner.

Practical, **Useful** and
Easy-To-Understand Lessons!

From **basic greetings** and **expressions** to **grammar** and **conversations**!

12-1. 이탈리아 사람들, 우리와 닮았다!

우리나라 사람에게 '정'이라는 특별한 정서가 있듯이,
이탈리아 사람들도 굉장히 사교적이고 인정이 많습니다.
호기심도 많고, 이야기하는 것을 좋아해서 젊은이들은 타문화에 대해 전혀 거리낌이 없으며 기꺼이 친해지려 합니다. 노년세대는 이국적인 문화에 대한 선입견이 있기는 하지만, 역시 친해지면 정말이지 인정이 많습니다. 이탈리아 사람들, 꽤나 다혈질이어서 길거리를 다니다가 높은 소리로 언쟁하는 것을 종종 볼 수 있습니다. 심각한 상황은 아니고 단순히 이야기하다가 흥분해서 말 소리가 높아지는 것인데, 이탈리아에 처음 간 사람들은 가끔 들리는 고성에 놀라기도 합니다. 흥이 많고 여유로운 민족이라 파티 문화가 발달했으며, 춤추고 노래하는 것을 좋아합니다. 반면 이런 성향이 이어져 업무에서도 여유가 넘쳐 일처리가 종종 늦어지곤 하는 단점도 있습니다.

12-2. 이탈리아어 직접목적격대명사의 사용!

이탈리아어에는 직접목적격대명사(~을/를)와 간접목적격대명사(~에게)가 있습니다.
직접목적격대명사는 사람(~를)을 지칭할 수도 있고, 사물(그것을)을 지칭할 수도 있습니다.
사물을 지칭하는 직접목적격대명사는 사람의 3인칭 단수/복수형과 같습니다.

직접목적격대명사는 앞에서 배운 재귀대명사의 1인칭단복수형, 2인칭단복수형과 형태가 같습니다.
직접목적격대명사의 3인칭 단복수형은 보시는 것처럼 정관사와 닮았습니다.
남성단수면 **lo**, 복수면 모음 **-o** 가 **-i** 로 바뀌어 **li** 가 되는 것이죠.
마찬가지로 여성 단수면 **la**, 복수면 모음 **-a** 가 **-e** 로 바뀝니다.

사람		사물	
나를	**mi**	그것을 (남성단수)	**lo**
너를	**ti**	그것을 (여성단수)	**la**
그를/그녀를/당신을	**lo/la/La**		

 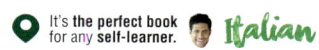

우리를	ci	그것들을 (남성복수)	li
너희를, 당신들을	vi	그것들을 (여성복수)	le
그들을/그녀들을	li/le		

(**chiamare** ~을 부르다, **aiutare** ~을 도와주다, **comprare** ~을 사다, **vendere** ~을 팔다)

Lui mi chiama.
그가 나를 부른다.

Sara ci aiuta.
Sara가 우리를 도와준다.

Lo compro.
나는 그것을 산다.

Le vendo.
나는 그것들을 판다.

 ## 12-3. 직접목적격대명사의 위치!

타동사의 목적어를 직접목적격대명사로 대체할 수 있습니다.
대체할 때는 목적어의 성과 수에 따라 직접목적격대명사의 형태가 변화합니다.
보통 목적어는 타동사 뒤에 오지만 직접목적격대명사로 목적어가 대체되는 경우,
직접목적격대명사는 주어와 동사 사이에 위치하게 됩니다.

(**leggere** 읽다, **il libro** 책, **comprare** 사다, **il vestito** 옷)

Cicci legge il libro.
Cicci가 책을 읽습니다.

Cicci lo legge.
Cicci가 그것을 읽습니다.

Maria compra i vestiti.
Maria가 옷들을 삽니다.

Maria li compra.
Maria가 그것들을 삽니다.

157

The best and quickest way
to communicate in a new language!
Learn to understand and speak Languages quickly and easily!

타동사의 목적어인 **il libro** 와 **i vestiti** 는 각각 남성 단수와 복수 명사이기 때문에
직접목적격대명사 **lo** 와 **li** 로 대체되어 쓰인 것을 볼 수 있습니다.
만약 조동사와 타동사가 함께 쓰인 문장에서 목적어가 직접목적격대명사로 대체되는 경우에는
2가지의 형태로 문장 내에 위치할 수 있습니다.

(**potere** ~할 수 있다, **chiamare** 부르다/전화하다)

Posso chiamare Francesco.

나는 Francesco를 부를 수 있습니다. (Francesco에게 전화할 수 있습니다.)

Lo posso chiamare.

(나는) 그를 부를 수 있습니다. (나는 그에게 전화할 수 있습니다.)

Posso chiamarlo.

(나는) 그를 부를 수 있습니다. (나는 그에게 전화할 수 있습니다.)

위에서처럼 **Francesco** 를 대체하는 직접목적격대명사 **lo** 는 조동사 **potere** 앞에 오거나,
chiamare 동사에서 어미의 마지막 모음 **e** 를 빼고 그 뒤에 붙어서 위치할 수 있습니다.
후자의 경우처럼 동사 뒤에 올 때는 모음 축약이 일어나, 마지막 모음 **e** 를 꼭 생략해야 합니다.
이점 함께 기억해 주십시오!

 ## 12-4. 이탈리아어 간접목적격대명사의 사용!

'~에게'란 뜻으로 쓰이는 간접목적격대명사는 강세형과 약세형으로 나타낼 수 있습니다.
강세형은 말 그대로 간접목적격대명사를 강조하고 싶을 때 쓸 수 있는 형태이고,
약세형은 일반적으로 쓸 수 있는 간접목적격대명사입니다.
강세형은 전치사 **a** (~에게)와 함께 쓰이며, 형태도 약세형과는 다릅니다.
1인칭단수와 2인칭단수형은 각각 **me** 와 **te** 로 변하고 나머지 인칭들은 주격인칭대명사와
그 형태가 같습니다.

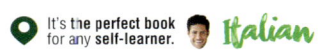

It's the perfect book
for any self-learner.   Italian

	강세형	약세형
나에게	a me	mi
너에게	a te	ti
그에게	a lui	gli
그녀에게	a lei	le
당신에게	a Lei	Le
우리에게	a noi	ci
너희/당신들에게	a voi	vi
그들에게	(a) loro	gli

 ## 12-5. 간접목적격대명사의 위치!

간접목적격대명사의 강세형일 경우에는 동사의 뒤에 오는 것이 일반적이며,
간접목적격대명사의 약세형일 경우에는 동사의 앞에 옵니다.

(**telefonare** ~에게 전화하다, **dopo** 나중에, **a** ~에게)

Telefono dopo a voi.
나중에 너희에게 전화할게.

Vi telefono dopo.
나중에 너희에게 전화할게.

조동사 **volere, potere, dovere** 등과 함께 약세형 간접목적격대명사가 쓰일 경우,
직접목적격대명사처럼 어순은 조동사 앞에 오거나,
본동사의 동사원형에서 마지막 모음 **e** 를 빼고 그 뒤에 붙여 쓸 수 있습니다.

(**potere** ~할 수 있다, **ti** 너에게, **chiedere** 요청하다, **il favore** 호의/친절)

Ti posso chiedere un favore?
너에게 도움을 요청해도 될까?

Posso chiederti un favore?
너이게 도움을 요청해도 될까?

Posso chiedere un favore a te?

너에게 도움을 요청해도 될까?

3인칭복수 간접목적격대명사 **(a) loro** 는 동사 뒤에 위치하며 종종 전치사 **a** 를 생략합니다.
반면 간접목적격대명사가 동사 앞에 오는 경우에는 **gli** 형을 씁니다. 강세형이 문장 앞에 오는
경우는 간접목적격대명사가 강조된 경우로 다음에 쉼표를 찍어 표기합니다.

(**comprare** 사다, **il regalo** 선물)

Compro loro un regalo.
그들에게 선물을 사줍니다.

Gli compro un regalo.
그들에게 선물을 사줍니다.

A loro, compro un regalo.
그들에게 선물을 사줍니다.

 ## 12-6. 이탈리아어 이중목적대명사!

이탈리아어는 타동사에 간접목적격대명사와 직접목적격대명사가 함께 쓰이는 경우
대명사끼리 결합이 일어납니다. 이를 이중목적대명사라고 합니다.
이중목적대명사 역시 발음상의 이유로, 좀 더 문장을 매끄럽게 만들기 위한 변형이 일어납니다.
mi, ti, ci, vi 는 직접목적격대명사와 혼합이 될 경우 모음 **-i** 가 **-e** 로 변합니다.
바뀌는 이유는 발음을 좀 더 편하게 하기 위해서입니다.
반면 3인칭단수/복수 간접목적격대명사는 직접목적격대명사와 함께 쓰이게 될 때
gli 다음에 모음 **e** 가 추가됩니다. 이렇게 하면 발음이 훨씬 편해짐을 알 수 있습니다.

간접목적격대명사	+ 직접목적격대명사	= 이중목적대명사
mi	lo/la/li/le	me lo/ me la/ me li/ me le
ti	lo/la/li/le	te lo/ te la/ te li/ te le
gli/le/Le	lo/la/li/le	glielo/gliela/glieli/gliele

ci	lo/la/li/le	ce lo/ ce la/ ce li/ ce le
vi	lo/la/li/le	ve lo/ ve la/ ve li/ ve le
gli	lo/la/li/le	glielo/gliela/glieli/gliele

간접목적격대명사 중 3인칭단수형 **gli/le/Le** 는 직접목적격대명사와 결합할 때 모두 **gli+e**
형태로 변하기 때문에 이들의 이중목적대명사 형태는 같습니다.

 ## 12-7. 이중목적대명사의 위치!

간접목적어와 직접목적어가 이중목적대명사로 대체되면 동사 앞에 위치하게 됩니다.

(**prestare** 빌려주다, **il libro** 책)

Francesca presta il libro a me.
Francesca가 나에게 책을 빌려줍니다.

Francesca me lo presta.
Francesca가 나에게 그것을 빌려줍니다.

조동사와 함께 쓰일 경우 이중목적대명사는 조동사 앞에 오거나,
본동사의 동사원형에서 마지막 모음 **e** 를 생략하고 그 뒤에 붙여 씁니다.

(**non** ~아니다, **volere** 원하다, **prestare** 빌려주다, **il libro** 책)

Francesca non vuole prestare il libro a me.
Francesca는 나에게 그 책을 빌려주고 싶어하지 않습니다.

Francesca non me lo vuole prestare.
Francesca는 나에게 그것을 빌려주고 싶어하지 않습니다.

Francesca non vuole prestarmelo.
Francesca는 나에게 그것을 빌려주고 싶어하지 않습니다.

Practical, **Useful** and
Easy-To-Understand Lessons!

161

From **basic greetings** and **expressions** to **grammar** and **conversations**!

multi plus

Learn to understand and speak Languages quickly and easily!

162 | Practical Useful and Easy-to-Understand Lessons!

12+.
Lezione 12. Multi-Plus
이탈리아어의 모든 의문 표현!

여러분의 궁금증을 한방에 해결해드립니다.
대표급 의문사 **come** (어떻게), **quanto** (얼마나), **quando** (언제), **quale** (어떤),
dove (어디)를 만나는 시간입니다.

It's the perfect book for any self-learner.   Italian

12-1+. 이탈리아어 의문사, **come** (어떻게)

(**si** 비인칭 재귀대명사 3인칭 단수, **dire** 말하다, **questo** 이것, **in** ~로, **l'italiano** 이탈리아어, **potere** ~할 수 있다, **arrivare** 도착하다, **ci** 그곳에, **essere** ~이다, **il cibo** 음식)

Come?
뭐라구요? (상대방의 말을 잘못 들었을 때)

Come si dice questo in italiano?
이것을 이탈리아어로 어떻게 말합니까?

Come posso arrivarci?
그곳에 어떻게 갑니까?

Com'è il cibo?
요리가 (맛이) 어떻습니까?

12-2+. 이탈리아어 의문사, **quanto** (얼마나)

(**essere** ~이다, **il tempo** 시간, **volere** 원하다, **costare** 비용이 들다, **il treno** 기차, **ci sono** ~있다, **al giorno** 하루에)

Quanti siete?
당신들은 몇 분이십니까?

Quanto tempo ci vuole?
시간이 얼마나 걸립니까?

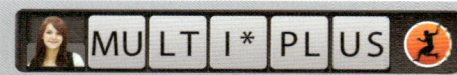

The best and quickest way
to **c**ommunicate
in a new language!

Learn to understand
and speak Languages
quickly and easily!

Practical **Useful** and
Easy-To-Understand Lessons!

Quanto costa?
얼마입니까?

Quanti treni ci sono al giorno?
하루에 기차가 몇 대 있습니까?

12-3+. 이탈리아어 의문사, quando (언제)

(**arrivare** 도착하다, **l'aereo** 비행기, **aprire** 열다, **il museo** 박물관, **potere** ~할 수 있다,
fare ~하다, **il check-in** 체크인, **cominciare** 시작하다, **il concerto** 콘서트)

Quando arriva l'aereo?
비행기가 언제 도착합니까?

Quando apre il museo?
박물관이 언제 엽니까?

Quando posso fare il check-in?
언제 체크인할 수 있습니까?

Quando comincia il concerto?
콘서트가 언제 시작합니까?

12-4+. 이탈리아어 의문사, quale (어떤)

(**l'autobus** 버스, **andare** 가다, **a** ~에, **la piazza** 광장, **il tipo** 종류/타입, **di** ~의, **la camera** 방,
volere 원하다, **la stazione** 역, **dovere** ~해야만 한다, **scendere** 내리다, **prendere** 타다)

Quale autobus va alla piazza?
어떤 버스가 광장으로 갑니까?

Quale tipo di camera vuole?
어떤 방 타입을 원하십니까?

A quale stazione devo scendere?
무슨 역에서 내려야 합니까?

Quale autobus devo prendere?
어떤 버스를 타야 합니까?

12-5+. 이탈리아어 의문사, **dove** (어디)

(**potere** ~할 수 있다, **comprare** 사다, **il biglietto** 티켓, **ci** 우리를, **portare** 운반하다, **questo** 이, **il treno** 기차, **da** ~부터, **venire** 오다, **essere** ~이다)

Dove posso comprare il biglietto?
표를 어디에서 살 수 있습니까?

Dove ci porta questo treno?
이 기차가 우리를 어디로 데리고 갑니까? (이 기차가 어디로 갑니까?)

Da dove siete venuti?
당신들은 어디에서 왔습니까?

Dove siamo?
여기가 어디죠? (우리가 어디에 있습니까?)

165 Practical, **Useful** and Easy-To-**Understand** Lessons!

**The best and quickest way
to communicate in a new language!**
Learn to understand and speak Languages quickly and easily!

13.
Lezione 13.
이탈리아어의 비교급과 최상급
Io sono più bella di Eva.
나는 Eva보다 더 예쁩니다.

형용사와 전치사를 활용해서 이탈리아어의 비교급 구문을 공부해 보겠습니다.
비교문을 통해 여러분의 이탈리아어가 보다 풍부해질 것입니다.

Italian

Io sono più bella di Eva.

It's the perfect book for any self-learner.

From **basic greetings** and **expressions** to **grammar** and **conversations**!

From basic greetings
and expressions
to grammar and conversations!

13-1. 이탈리아의 축제 : 베네치아의 카니발!

이탈리아는 지방색이 매우 발달한 나라입니다.
각 지역마다 고유의 축제가 있는데 그중 하나가 베네치아의 **Carnevale** (카니발)입니다.
'가면 축제'로 유명한 베네치아의 카니발은 고대 로마시대 때 하층민들에게 자유롭게 즐길 수 있는 기회를 주기 위해 가면을 쓰고 놀게 하던 것에서 유래했습니다. 공식적으로는 베네치아의 카니발 행사가 기록된 것이 1296년이었으니 아주 오랜 시간 베네치아와 함께한 축제라고 할 수 있습니다. 보통 1월 말에서 2월 사이에 열리는데 사순절의 2주 전부터 열립니다. 축제의 첫 날 **San Marco** (산 마르코) 광장의 첨탑 위에서 그 해의 미스 베네치아가 천사 분장을 하고 공중에서 내려오면서 축제를 시작합니다. 마지막 주에 가장 많은 행사와 사람들이 몰립니다. 이 기간 동안 전 세계에서 가면을 쓴 사람들이 이곳으로 모여듭니다. 이탈리아 사람들의 유머와 여유가 전 세계로 퍼지는 기적 같은 순간입니다.

13-2. 이탈리아어 비교급 표현의 종류!

이탈리아어의 비교급은 크게 3가지로 구분할 수 있습니다.
그러니까 비교 대상 사이의 동등함을 나타내는 '동등비교', 우월함을 나타내는 '우등비교',
보다 덜함을 나타내는 '열등비교'로 나눌 수 있습니다.
비교급 표현은 비교의 정도를 나타낼 수 있는 부사와 품질 형용사를 가지고 만듭니다.

1) 우등비교 표현 만들기!

영어의 **more A than B** 와 유사한 표현입니다. (**A** 가 **B** 보다 더 ~하다)
이탈리아어의 우등비교 표현은 부사 **più** (더)와 전치사 **di** 로 표현할 수 있습니다.

주어 + 동사 + più + 품질형용사 + di + 비교대상

Practical, **Useful** and
Easy-To-Understand Lessons!

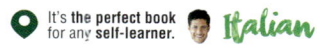

It's the perfect book
for any self-learner. Italian

비교급 문장을 만들 때 비교의 대상이 어떤 것이냐에 따라 전치사 **di** 를 쓸지 접속사 **che** 를 쓸지가 결정됩니다.
전자의 경우는 주어와 비교가 될 사람/사물이 전치사 **di** 의 뒤에 오고,
후자의 경우는 **più** 뒤에 오는 품질형용사/동사와 비교가 될 품질형용사/동사가 접속사 **che** 뒤에 옵니다.

(**essere** ~이다, **intelligente** 똑똑한, **bello** 아름다운, **tranquillo** 차분한, **stanco** 피곤한)

Sara è più intelligente di Maria.
Sara는 Maria보다 더 똑똑합니다.

Io sono più bella di Eva.
나는 Eva보다 더 예쁩니다.

Maria è più tranquilla di Paola.
Maria는 Paola보다 더 차분합니다.

Noi siamo più stanchi di loro.
우리는 그들보다 더 피곤합니다.

2) 열등비교 표현 만들기!

영어의 **less A than B** 와 유사한 표현입니다. (**A** 가 **B** 보다 덜 ~하다)
이탈리아어의 열등비교 표현은 부사 **meno** (덜)과 전치사 **di** 로 표현할 수 있습니다.

주어 + 동사 + meno + 품질형용사 + di + 비교대상

Sara è meno intelligente di Maria.
Sara는 Maria보다 덜 똑똑합니다.

Io sono meno bella di Eva.
나는 Eva보다 덜 예쁩니다.

Maria è meno tranquilla di Luigi.
Maria는 Luigi보다 덜 차분합니다.

Noi siamo meno stanchi di Loro.
우리는 그들보다 덜 피곤합니다.

3) 동등비교 표현 만들기!

영어의 **A as ~ as B** 와 유사한 표현입니다. (**A** 는 B 만큼 ~하다)
이탈리아어의 동등비교 표현은 **A così ~ come B** 와 **A tanto ~ quanto B** 로 표현할 수 있으며
둘 다 '**A** 는 B 처럼/만큼 ~하다'라는 뜻입니다.
일반적으로 구어체에서는 **così** 와 **tanto** 는 생략합니다.
quanto 나 **come** 는 구분 없이 사용합니다.

(**brutto** 못생긴, **la casa** 집, **costosa** 비싼, **grande** 큰)

주어 + 동사 + (così) + 품질형용사 + come + 비교대상

주어 + 동사 + (tanto) + 품질형용사 + quanto + 비교대상

Lui è (così) brutto come Marco.
그는 Marco만큼 못생겼습니다.

Lui è (tanto) brutto quanto Marco.
그는 Marco만큼 못생겼습니다.

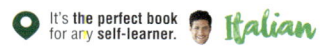

La casa è (così) costosa come grande.

그 집은 큰만큼 비쌉니다.

La casa è (tanto) costosa quanto grande.

그 집은 큰만큼 비쌉니다.

 ### 13-3. 이탈리아어 최상급 표현의 종류!

이탈리아어의 최상급 표현은 크게 '상대적최상급' (비교 대상이 있어야 함)과 '절대적최상급' (비교 대상이 없음)으로 구분할 수 있습니다.

1) 상대적최상급 표현 만들기!

이탈리아어 상대적최상급 표현은 우등비교 표현 앞에 관사를 붙여 표현합니다.
상대적최상급에서는 주어와 비교되는 대상 앞에 전치사 **di** 가 붙습니다.

주어 + 동사 + 관사 + 명사 + più (더) / meno (덜) + 품질형용사 + di + 비교대상

(**essere** ~이다, **il ragazzo** 소년, **bello** 아름다운, **tutti** 모두, **la studentessa** 여학생,
intelligente 똑똑한)

Francesco è il ragazzo più bello di tutti.

Francesco는 이 모든 사람 중 가장 아름다운 소년입니다.

Francesco è il ragazzo meno bello di tutti.

Francesco는 이 모든 사람 중 가장 아름답지 않은 소년입니다.

From **basic greetings** and **expressions** to **grammar** and **conversations**!

From basic greetings
and expressions
to grammar and conversations!

Emma è la studentessa più intelligente di tutti.

Emma는 이 모든 사람 중 가장 똑똑한 학생입니다.

Emma è la studentessa meno intelligente di tutti.

Emma는 이 모든 사람 중 가장 똑똑하지 않은 학생입니다.

상대적최상급 표현을 만들 때 가장 중요한 점은 **il ragazzo** 나 **la studentessa** 처럼 정관사를 명사 앞에 꼭 써줘야 한다는 것입니다.

2) 절대적최상급 표현 만들기!

이탈리아어의 절대적최상급 표현은 형용사에 접미사 **-issimo** (영어의 **-est**)를 붙여서 나타냅니다. 최상급 접미사를 붙이고 나서 명사의 성과 수에 따라 어미가 추가적으로 더 붙습니다.
형용사 뒤에 접미사를 붙일 때 주의해야 될 점은 형용사의 마지막 모음을 생략하고 그 뒤에 접미사를 붙여야 한다는 것입니다.

형용사 + -issimo/i or -issima/e (최고의)

(**comprare** 사다, **la macchina** 자동차, **costoso** 비싼, **volere** 원하다, **mangiare** 먹다, **il cibo** 음식, **buono** 좋은/맛있는, **guardare** 보다, **il film** 영화, **famoso** 유명한, **essere** ~이다, **la città** 도시, **bello** 아름다운)

Lui compra una macchina costosissima.

그는 아주 비싼 자동차를 삽니다.

Voglio mangiare un cibo buonissimo.

나는 아주 맛있는 음식을 먹고 싶습니다.

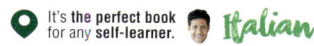

It's the perfect book
for any self-learner.   Italian

Guardo un film famosissimo.
나는 아주 유명한 영화를 봅니다.

È una città bellissima.
아주 아름다운 도시입니다.

 ## 13-4. 이탈리아어의 불규칙 형용사!

몇몇 형용사들은 비교급이나 최상급을 만들 때 형용사의 형태가 불규칙적으로 변합니다.

원급	비교급	절대적최상급
buono 좋은	migliore/ più buono	ottimo/ buonissimo
cattivo 나쁜	peggiore/ più cattivo	pessimo/ cattivissimo
grande 큰	maggiore/ più grande	massimo/ grandissimo
piccolo 작은	minore/ più piccolo	minimo/ piccolissimo

(**essere** ~이다, **l'amico** 친구 (남성), **aspettare** 기다리다, **il risultato** 결과, **ricevere** 받다, **non** ~아니다, **avere** 갖다, **l'idea** 아이디어)

Lui è il migliore amico.
그는 아주 좋은 친구입니다.

Aspettiamo l'ottimo risultato.
우리는 최상의 결과를 기대합니다.

Riceve il pessimo risultato.
그는 최악의 결과를 받습니다.

Non ho la minima idea.
나는 최소한의 아이디어도 없습니다.

multi Plus

Learn to understand and speak Languages quickly and easily!

Practical, **Useful** and
Easy-To-Understand Lessons!

13+.
Lezione 13. Multi-Plus
이탈리아어로 이런저런 표현하기!

계산, 찬사/감탄표현, 서식 작성법을 한자리에 모았습니다.

It's the perfect book
for any self-learner. *Italian*

13-1+. 이탈리아어로 덧셈, 뺄셈 하기!

막간을 이용해 쇼핑에 필요한 이탈리아어 수학 공부를 살짝 해보겠습니다.
이탈리아어 덧셈, 뺄셈입니다.

(**più** + 더하기, **meno** - 빼기, **è uguale a** = 은/는)

Tre più sei è uguale a nove.
3 더하기 6은 9.

Sei meno tre è uguale a tre.
6 빼기 3은 3.

Sette più otto è uguale a quindici.
7 더하기 8은 15.

Quindici meno cinque è uguale a dieci.
15 빼기 5는 10.

13-2+. 이탈리아어 결정적 한 단어! (찬사/감탄표현)

Buono!
좋아!

The best and quickest way to communicate in a new language!

Learn to understand and speak Languages quickly and easily!

176

Practical, **Useful** and **Easy-To-Understand** Lessons!

Bello!
멋지다!

Meraviglioso!
놀라워요!

Fantastico!
환상적이에요!

Perfetto!
완벽해요!

Mammamia!
맙소사!

Dai!
자! (응원의 말)

Benissimo!
아주 좋아!

Uffa!
우아! (지겨울 때 내는 소리)

Allora…
음… (뭔가 생각할 때, 대답을 주저할 때)

13-3+. 이탈리아어로 서식 작성하기!

여행을 하다 보면 서식을 작성해야 할 일이 많이 생깁니다.
개인정보가 있는 서식을 작성할 때 필요한 기본 내용을 알고 미리미리 단어를 익혀봅시다!

Compilare il presente modulo:
이 서식을 완성하시오.

Cognome (성) : **KIM**

Nome (이름) : **Min-ho**

Nazionalità (국적) : **coreana**

Data di nascita (생년월일) : **28 08 1999**

Luogo di nascita (출생지) : **Seul**

Stato civile (호적상태) : **sposato/a** (기혼)

celibe (미혼 남성) / **nubile** (미혼 여성)

Professione (직업) : **studente** (학생) / **impiegato/a** (회사원)

Indirizzo (주소) : **10-7 Cheongpa-dong Yongsan-gu Seul Corea**

Telefono (전화) : **010-1234-5678**

E-mail (이메일) : **Bookersbg@naver.com**

국적은 이탈리아어로 **la nazionalità** 여성명사이기 때문에 언제나 여성형(**coreana**)을 씁니다.
주소를 기입할 때는 우리의 방식과는 반대로 가장 세부적인 주소부터 씁니다.

The best and quickest way
to communicate in a new language!
Learn to understand and speak Languages quickly and easily!

It's the perfect book for any self-learner.

178

Practical, **Useful** and
Easy-To-Understand Lessons!

14.
Lezione 14.
이탈리아어의 시제, 그 첫 번째! : 직설법 근과거
Sono tornato a casa.
나는 집으로 돌아갔다.

우리가 나누는 이야기의 절반은 과거의 사실들입니다.
이탈리아어의 시제를 알면 더욱 폭넓은 대화가 가능해집니다.
이탈리아어에는 '근과거', '반과거', '원과거' 등 다양한 종류의 과거시제가 있습니다.
이탈리아어 시제 그 첫 번째는 직설법 현재 이전 시점인 '직설법 근과거' 시제입니다.

Practical, **Useful** and
Easy-To-Understand Lessons!

14-1. 이탈리아의 축제 : 시에나의 팔리오!

이탈리아 토스카나 지방의 축제인 **Siena** (시에나)의 **Palio** (팔리오)는 **Piazza del Campo** (캄포 광장)에서 열리는 경마 행사입니다. 카니발과 더불어 대표적인 카톨릭 축제 중 하나이며 연중 2회, 7월 2일과 8월 16일에 열립니다. 세계적으로 유명한 축제여서 이 시기에는 광장에 들어가는 데만 몇 시간이 걸립니다. 시에나의 각 구역을 대표하는 17개의 **contrade** (콘트라데 :구역/지역)가 고유의 복장과 깃발을 갖추고 등장하며, 이 중 10팀만이 경주에 참여합니다. 경마 경주는 단 90초만 진행하지만 굉장히 격하고 위험하기 때문에 말뿐만 아니라 많은 사람들이 부상의 위험이 높습니다. 하지만 열정적인 이탈리아 사람들은 아랑곳 않고 열광적으로 축제에 참여합니다. 재미있게도 팔리오 경기에서는 2등을 꼴찌로 취급하고 조롱합니다. 따라서 1등을 못할 거면 어떻게 해서든 2등을 피해 3, 4등을 해야합니다. 이런 과정에서 이탈리아인 특유의 재미와 유머가 드러납니다.

14-2. 이탈리아어의 시제, 직설법 근과거!

이탈리아어에는 다양한 과거형이 있습니다.
('근과거' **(passato prossimo)**, '비완료반과거' **(imperativo)**, '원과거' **(passato remoto)** 등)
우리말로는 모두 '~ㅆ다'라 표현하지만, 이탈리아어는 과거에 일어난 사건이 현재와
가까운 과거인지, 지속적으로 일어난 과거의 사건인지, 혹은 아주 먼 과거에 일어난
사건인지에 따라서 과거의 형태가 구분됩니다. 이번 과에서 다루게 될 직설법 근과거는
과거에 일어나서 완료된 행위를 가리킬 때 쓰이는 시제입니다.
직설법 근과거는 특히 구어체에서 가장 많이 사용되는 과거형입니다.

14-3. 직설법 근과거를 만드는 방법!

직설법 근과거를 다루기 전에 먼저 '직설법' **(indicativo)**에 대해 잠깐 설명드리면,
직설법이란 불확실성이 배제된 어법을 말합니다.
따라서 이탈리아어 직설법 근과거형은 과거에 일어난 사실을 가리키는 동사형태입니다.

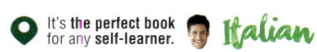

It's the perfect book
for any self-learner. *Italian*

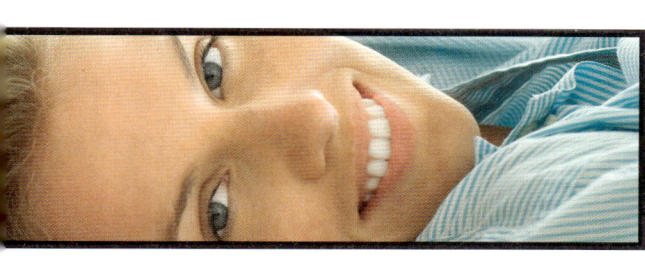

이탈리아어의 직설법 근과거는 영어의 현재완료형(**be + pp., have + pp.**)처럼
'동사 **essere** + 과거분사' 또는 '동사 **avere** + 과거분사'의 공식으로 만듭니다.
이때 **essere**, **avere** 동사는 시제를 만드는데 도움을 주는 시제조동사입니다.

따라서 직설법 근과거라는 과거 완료된 사건을 이야기하려면 동사의 과거분사(**participio passato**)가 필요합니다. 이탈리아어 동사의 과거분사는 어미의 형태 **-are/-ere/-ire** 에 따라 다음과 같이 구분할 수 있습니다.

-are > -ato	**-ere > -uto**	**-ire > -ito**
parlare > parlato	**piovere > piovuto**	**sentire > sentito**

다시 말해 동사의 어미 종류에 따라 과거분사형은 '동사의 어간+ **ato/uto/ito**'의 형태입니다.

이탈리아어 직설법 근과거 공식 : **avere / essere + -ato / -uto / -ito**

(**parlare** 말하다, **in** ~로, **il cinese** 중국어, **sentire** 듣다, **il rumore** 소음, **andare** 가다, **in** ~에, **la montagna** 산, **partire** 떠나다, **da** ~부터, **la casa** 집)

Lui ha parlato in cinese.
그는 중국어로 말했습니다.

Hanno sentito il rumore.
그들은 소음을 들었습니다.

Sono andata in montagna.
나는 산에 갔습니다.

Siamo partiti da casa.
우리는 집에서 떠났습니다.

이때 중요한 점은 **essere** 를 시제조동사로 택하는 과거분사는 주어의 성수에 따라 형용사처럼 어미를 일치시켜야 한다는 것입니다. 예를 들어 주어가 여성단수면 **-ata** 로, 여성복수면 **-ate** 로 변하게 됩니다.

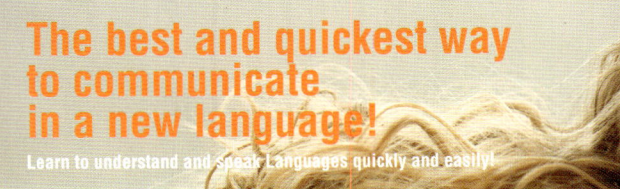

The best and quickest way to communicate in a new language!
Learn to understand and speak Languages quickly and easily!

주어가 단수일 때: sono, sei, è   + -ato/a, -uto/a, -ito/a
주어가 복수일 때: siamo, siete, sono + -ati/e, -uti/e, -iti/e

(**andare** 가다, **a** ~에, **il mare** 바다, **partire** 출발하다, **per** ~향해, **l'Italia** 이탈리아)

Sono andata al mare.
나는 바다에 갔다. (1인칭 단수여성)

Siamo partiti per l'Italia.
우리는 이탈리아를 향해 출발했다. (1인칭 복수남성 혹은 남녀복수형)

첫 번째 문장은 주어가 1인칭 단수여자이기 때문에 과거분사가 **-a** 로 끝난 것이고 두 번째 문장은 주어가 1인칭 복수이기 때문에 과거분사가 **-i** 로 끝난 것을 볼 수 있습니다.

(**parlare** 말하다, **con** ~와 함께, **partire** 출발하다)

Ho parlato con Laura.
나는 Laura랑 말을 했다.

Sono partita.
나는 출발했다.

위의 두 가지 예문에서 **parlare** 동사와 **partire** 동사가 각각 조동사로 **avere** 와 **essere** 를 택해 근과거형을 만든 것을 볼 수 있습니다. 그렇다면 왜 조동사로 **avere** 나 **essere** 를 택할까요? **partire** 동사가 **avere** 동사를 조동사로 택해도 정문이 될 수 있을까요? 대답은 '아니오'입니다. 왜 그런지에 대해서는 앞으로 학습해보겠습니다.

 ## 144. **avere** 와 **essere** 의 선택 기준!

그렇다면 이제 문제는 직설법 근과거형을 만들 때 언제 시제조동사로 **avere** 또는 **essere** 를 사용하느냐가 됩니다.
그 선택의 기준은 바로 다음에 나오는 과거분사가 '자동사'인지 '타동사'인지에 따라 결정됩니다.
일반적으로 자동사는 **essere** 동사를, 타동사는 **avere** 동사를 사용합니다.
타동사는 목적어를 동반하기 때문에 외관상으로 구분이 가능합니다.

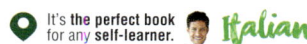

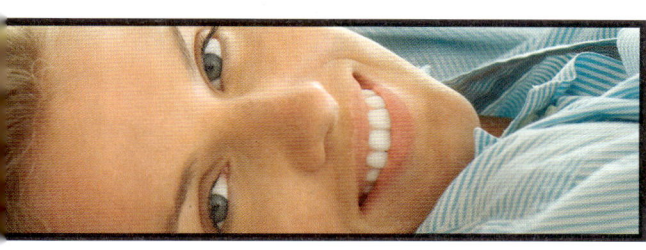
(**tornare** 돌아가다, **a** ~에, **la casa** 집, **comprare** 사다, **la borsa** 가방)

Sono tornato a casa.
나는 집으로 돌아갔다.

Ho comprato una borsa.
나는 가방 하나를 샀다.

예를 들어 동사 **comprare** (사다)는 목적어인 **una borsa** 를 필요로 하는 동사이기 때문에
타동사이고, 때문에 시제조동사로 **avere** 를 택한 것입니다. 반면 동사 **tornare** (돌아가다)는
목적어가 필요 없는 자동사이기 때문에 **essere** 동사를 취한 것이고요.

 # 14-5. essere 를 조동사로 택하는 경우!

그리고 **essere** 를 조동사로 취하는 구체적인 경우들이 있어서 소개해드리겠습니다.
다음의 4가지 경우일 때는 **essere** 와 함께 근과거 문장을 만들 수 있습니다.

1) 먼저 '재귀동사'의 경우 조동사로 반드시 **essere** 동사를 택합니다.

(**lavarsi** 씻다, **i denti** 치아)

Mi sono lavato/a i denti.
나는 이를 닦는다.

lavarsi (씻다)는 재귀동사입니다. 주어가 남자면 과거분사가 **-o** 로,
여자면 **-a** 로 끝나게 됩니다.

2) 두 번째는 '움직임을 나타내는 동사' (**andare** 가다, **venire** 오다, **partire** 출발하다, **arrivare**
도착하다, **entrare** 들어가다, **uscire** 나가다, **salire** 오르다, **scendere** 내리다, **cadere** 떨어지다
등)는 조동사로 **essere** 를 사용합니다.
(단! **passeggiare** 산책하다, **camminare** 걷다, **viaggiare** 여행하다, **guidare** 운전하다,
nuotare 수영하다, **ballare** 춤추다 동사는 예외적으로 **avere** 동사를 택합니다.)

(**per** ~향해, **in** ~(안)에, **la macchina** 자동차)

The best and quickest way to communicate in a new language!
Learn to understand and speak Languages quickly and easily!

È venuto Luca.

Luca가 왔다.

Loro sono arrivati.

그들이 도착했다.

Siamo partiti per Roma.

우리는 Roma를 향해 출발했다.

3) 세 번째로 '위치를 나타내는 동사' (**essere** ~있다, **stare** ~있다, **restare** 머물다, **rimanere** 머물다 등)는 조동사로 **essere** 를 사용합니다.

(**a** ~에, **la casa** 집, **tutto il giorno** 하루 종일, **il lunedì** 월요일, **scorso** 지난)

Siamo rimasti a casa tutto il giorno.

하루 종일 우리는 집에 머물렀다.

Sono stata a Milano lunedì scorso.

나는 지난 월요일에 Milano에 있었다.

4) 끝으로 '상태의 변화를 나타내는 동사' (**crescere** 성장하다, **diventare** ~이 되다, **ingrassare** 살찌다, **dimagrire** 살이 빠지다, **nascere** 태어나다, **morire** 죽다 등)는 조동사로 **essere** 를 사용합니다. (**il marzo** 3월)

Lei è dimagrita.

그녀는 살이 빠졌다.

Sono nata il 27 marzo.

나는 3월 27일에 태어났다.

 ## 14-6. **avere** 와 **essere** 둘 다 쓰는 동사!

시제조동사로 **avere** 와 **essere** 둘 다 쓰는 동사들이 있습니다.
cominciare (시작하다), **finire** (끝내다), **cambiare** (바꾸다), **aumentare** (증가하다) 동사는 경우에 따라 **avere** 와 **essere** 둘 다 쓸 수 있는 동사들입니다. 즉, 타동사로 쓰였을 경우 그러니까 의미상 목적어를 필요로 할 때는 **avere** 를 취하고, 목적어를 필요로 하지 않는 자동사로 쓰였을 경우에는 **essere** 를 사용하면 됩니다.

(**la scuola** 학교, **la birra** 맥주, **il film** 영화, **alle** ~시에, **la lezione** 수업)

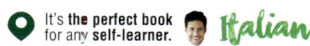 It's **the** perfect book for any self-learner. *Italian*

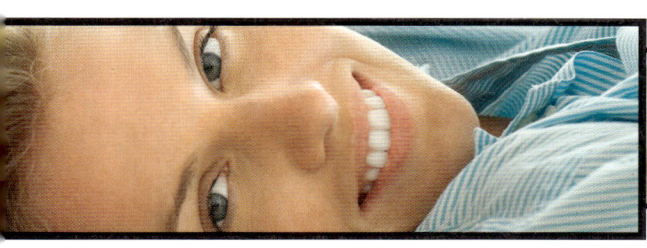

Eva ha cominciato la scuola.
Eva는 학교에 다니기 시작했다. (타동사)

Abbiamo finito la birra.
우리는 맥주를 다 마셨다. (타동사)

Il film è cominciato alle 22:30.
영화는 22시 30분에 시작했다. (자동사)

La lezione è finita alle 15:00.
수업은 15시에 끝났다. (자동사)

 14-7. **volere**, **potere**, **dovere** 동사를 직설법 근과거형으로 만들기!

volere, potere, dovere 와 같은 조동사를 근과거로 만드는 방법 역시 마찬가지로 **avere** 나 essere 동사의 직설법현재형과 **volere, potere, dovere** 의 과거분사형 **voluto, potuto, dovuto** 가 결합하면 됩니다.
volere, potere, dovere 가 **avere** 나 **essere** 조동사를 선택하는 기준은 **volere, potere, dovere** 동사 뒤에 오는 본동사가 타동사인지 자동사인지에 따라 결정됩니다.
조동사 뒤에 오는 본동사는 동사 원형의 형태로 '조동사 + 동사원형'의 어순입니다.

(**non** 아니다, **partecipare** 참석하다, **a** ~에, **la riunione** 회의/모임, **andare** 가다, **fare la spesa** 장을 보다)

Non ho potuto partecipare alla riunione.
나는 회의에 참석할 수 없었습니다.

Sono dovuto/a andare a Napoli.
나는 Napoli에 가야만 했습니다.

Ho voluto fare la spesa.
나는 장을 보고 싶었습니다.

두 번째 문장에서 **andare** 동사는 조동사로 **essere** 동사를 취하는 동사이기 때문에 **dovuto** 의 조동사로 **essere** 를 사용했습니다. **essere** 조동사를 택하는 다른 동사처럼 **dovuto** 도 주어의 성과 수에 따라 일치를 시켜줍니다. 반면, 세 번째 문장은 **fare** 동사가 타동사이기 때문에 **avere** 동사를 조동사로 취했습니다.

From **basic greetings** and **expressions** to grammar and **conversations**!

multi Plus

Learn to understand and speak Languages quickly and easily!

Practical, **Useful** and **Easy-To-Understand** Lessons!

14+.

Lezione 14. Multi-Plus

이탈리아어 식당용 표현 총정리!

식당에서의 기본회화 3단계는 '주문 〉 식사 〉 계산'입니다.
이 3단계는 만능단어 **per favore** 와 **volere**, **potere** 조동사 콤비로
해결할 수 있습니다.

It's the perfect for any self-learn **Italian**

14-1+. 식당용 이탈리아어 회화 모음!

① 식당용 이탈리아어 회화 1단계 : 주문

이탈리아 식당에서 주문을 하거나 종업원을 부를 때, **Per favore!** 라고 말하면 됩니다.

(**per favore** 부탁합니다, **potere** ~할 수 있다, **avere** 가지다, **il menù** 메뉴, **cosa** 무엇, **consigliare** 조언하다, **da** ~부터, **volere** 원하다, **la bistecca** 스테이크, **con** ~와 함께, **le patatine fritte** 감자튀김, **e** 그리고, **l'acqua** 물, **frizzante** 탄산의, **non** 아니다, **il dessert** 디저트)

Per favore, posso avere il menù?
제가 메뉴판을 가질 수 있습니까? (메뉴판 좀 주실래요?)

Cosa cosiglia dal menù?
무엇을 메뉴에서 추천하시나요? (메뉴 하나 추천해 주시겠습니까?)

Voglio una bistecca con patatine fritte e l'acqua frizzante, per favore!
감자튀김을 곁들인 스테이크와 탄산수 주세요!

Non voglio il dessert.
디저트는 원하지 않습니다.

The best and quickest way
to communicate
in a new language!

Learn to understand
and speak Languages
quickly and easily!

❷ 식당용 이탈리아어 회화 2단계 : 식사

이탈리아에서는 식사할 때 편하게 대화를 나눕니다.
그리고 음식을 먹을 때 씹는 소리를 내지 않는 것이 식사 에티켓입니다.

(**buono** 좋은/맛있는, **l'appetito** 식욕, **molto** 매우, **la carne** 고기, **un po'** 조금,
crudo 덜 익은, **potere** ~할 수 있다, **cuocere** 익히다, **ancora** 다시)

Buon apppetito!
맛있게 드세요!

Molto buono!
아주 맛있네요!

La carne è un po' cruda.
고기가 덜 익었네요.

Può cuocere la carne ancora un po'?
고기를 다시 조금 더 익혀주실 수 있나요?

❸ 식당용 이탈리아어 회화 3단계 : 계산

이탈리아의 바는 보통 후불제입니다.
커피를 스탠딩 테이블에서 서서 마신 경우 점원에게 직접 지불하고, 테이블에 앉아서 마신
경우에는 테이블에 앉아서 계산합니다.

- Pronunciation Guide
- Basics Grammar
- Common Expressions

Learn to understand...

식당에서도 마찬가지로 자신이 식사한 테이블에서 계산합니다. 계산을 마치고 나설 때 테이블 위에 약간의 팁(**la mancia**)을 남기는 것 또한 기본 에티켓입니다.

(**il conto** 영수증, **quanto** 얼마나, **potere** ~할 수 있다, **pagare** 지불하다, **con** ~로, **la carta di credito** 신용카드, **ognuno** 각자, **per** ~위해, **sé** 자기 자신)

Il conto, per favore!
계산서 주세요!

Quant'è?
얼마죠?

Posso pagare con la carta di credito?
신용카드로 결제할 수 있나요?

Paghiamo ognuno per sé.
우리는 각자 계산할 것입니다.

Practical, **Useful** and
Easy-To-Understand Lessons!

Faceva molto freddo ieri

It's the perfect book for any self-learner.

15.
Lezione 15.
이탈리아어의 시제, 그 두 번째! : 직설법 비완료과거
Faceva molto freddo ieri.
어제는 매우 추웠습니다.

이번 시간에는 두 번째 과거시제, '비완료과거'입니다.
비완료과거 역시 직설법 근과거형과 함께 구어체에서 많이 사용합니다.

From basic greetings and expressions to grammar and common idioms

15-1. 이탈리아의 문제, 청년실업!

이탈리아는 숙박업과 요식업 종사자가 100만 명에 이르는 명실상부 관광대국입니다.
관광산업 비중이 **GDP** 대비 무려 6%를 차지하는 '관광산업국가'입니다.
그럼에도 불구하고 이탈리아는 현재 심각한 청년실업을 앓고 있습니다. 2016년 현재 전체
청년의 44% 정도가 일자리를 찾지 못하는 심각한 상태입니다. 이탈리아의 산업은 서비스업을
제외하면, 나머지 대부분의 업무를 중장년층이 담당하고 있습니다. 고용보험제도 때문에
유럽의 베이비붐 세대(1950-60년생)는 안정적인 직장을 가질 수 있었지만, 한편으로 엄격한
노동법 때문에 고용주가 새로운 인력의 채용을 꺼리게 된 결과라고 말합니다.
게다가 중국과 동유럽, 아프리카 등지에서 온 수많은 이민자들이 저렴한 비용으로 노동력을
대체하고 있어서 이탈리아 청년은 실업의 이중고를 겪고 있습니다. 이 때문에 부모로부터
독립하지 못하는 젊은이들이 양산되고, 고학력의 인재들이 해외로 빠져나가는 인력유출
문제가 심각한 상황입니다.

15-2. 이탈리아어의 시제, 직설법 비완료과거!

이탈리아어의 과거시제 중의 하나인 '직설법 비완료과거' (**imperfetto indicativo**)는 '과거의 습
관이나, 과거로부터 지속적으로 일어났던 사건을 표현할 때 사용하는 과거형'입니다. 예를 들어
이탈리아어에서는 '나는 지난 여름 바다에 갔습니다.'는 '근과거'로, '나는 그 배낭을 사고 싶었습
니다.'는 '비완료과거'로 표현합니다. 전자가 '지난 여름'에 일어났던, 이미 완료된 사건에 관한 것
이라면, 후자는 '내가 과거부터 원했던 지속적인 사실'에 관한 표현입니다. 즉, 과거의 사건이 '완
료성'의 의미를 가지는지, '지속성'의 의미를 가지는지에 따라 과거형태가 달라지는 것입니다.

15-3. 비완료과거 만드는 방법!

비완료과거는 조동사가 필요 없는 단순과거형입니다.

동사원형에서 어미만을 변형시켜 만드는 과거형으로 다른 동사형과 마찬가지로 **-are**, **-ere**, **-ire** 에 따라 어미의 형태가 달라집니다.

	and-are 가다	**prend-ere** 가지다/먹다/마시다	**cap-ire** 이해하다
io	and-avo	prend-evo	cap-ivo
tu	and-avi	prend-evi	cap-ivi
lui/lei/Lei	and-ava	prend-eva	cap-iva
noi	and-avamo	prend-evamo	cap-ivamo
voi	and-avate	prend-evate	cap-ivate
loro	and-avano	prend-evano	cap-ivano

(**a** ~에, **il mare** 바다, **il caffè** 커피, **ogni** 매번, **la mattina** 아침, **non** 아니다, **per niente** 전혀)

Andavo al mare.
나는 바다에 가곤 했습니다.

Prendeva un caffè ogni mattina.
그는 아침마다 커피를 마시곤 했습니다.

Non capivano per niente.
그들은 전혀 이해하지 못했습니다.

직설법 비완료과거를 해석하는 방법은 3가지가 있습니다.
첫 번째는 '과거의 어느 시점 동안 ~했었다'라는 '지속성'으로 해석하거나,
두 번째는 '과거에 ~하곤 했었다'라는 '습관성'으로 해석합니다.
그리고 마지막은 '과거의 어떤 상황에 대한 묘사'로 해석할 수 있습니다.
비완료과거형 문장의 해석은 문맥에 따라 결정됩니다.

불규칙형은 다음과 같은 동사의 종류가 있습니다.
직설법 현재형이 불규칙이면 다른 형도 거의 대부분 불규칙 변화형을 따릅니다.
불규칙이라 하더라도 **essere** 동사처럼 완전한 불규칙형이 있는가 하면,
fare 나 **dire**, **bere** 처럼 부분적으로 불규칙으로 변하는 동사들이 있습니다.

fare 는 **faccio** 라는 직설법 현재 1인칭 단수형에서 **-cio** 를 빼고 **-evo, evi, eva**…의 어미를
붙인 형태고, **dire** 는 **dico** 라는 직설법 현재 1인칭 단수형에서 **-o** 를 빼고 **-evo, evi, eva**…를
bere 는 **bevo** 라는 직설법 현재 1인칭 단수형에서 **-o** 를 빼고 **-evo, evi, eva**…를 붙여 만든
형태입니다.

essere (~이다)	ero, eri, era, eravamo, eravate, erano
fare (~하다)	facevo, facevi, faceva, facevamo, facevate, facevano
dire (말하다)	dicevo, dicevi, diceva, dicevamo, dicevate, dicevano
bere (마시다)	bevevo, bevevi, beveva, bevevamo, bevevate, bevevano

(**fare** ~하다, **molto** 매우, **il freddo** 추위, **ieri** 어제, **il compito** 숙제/업무, **in** ~에서,
il parco 공원, **mi** 나에게, **la bugia** 거짓말, **il nonno** 할아버지, **spesso** 자주)

Faceva molto freddo ieri.
어제는 매우 추웠습니다.

Faceva i compiti nel parco.
그는 공원에서 숙제를 하곤 했습니다.

Mi diceva le bugie.
그는 나에게 거짓말을 하곤 했습니다.

Il nonno beveva spesso.
할아버지는 자주 (술을) 마시곤 했습니다.

Faceva molto freddo ieri.

It's the perfect book for any self-learner.

 ## 15-4. 직설법 비완료과거의 사용법!

비완료과거는 다음의 경우에 사용한다고 보시면 이해가 쉽습니다.

1) 비완료과거는 과거에 습관적으로 일어난 행위를 표현합니다!

(**l'anno scorso** 작년, **andare** 가다, **in** ~에, **la piscina** 수영장, **due** 숫자 2, **la volta** 번, **alla settimana** 일주일에)

L'anno scorso andavo in piscina due volte alla settimana.
작년에 나는 일주일에 두 번씩 수영장에 가곤 했습니다.

2) 비완료과거는 과거의 어떤 상황이나 상태를 묘사합니다!

(**cantare** 노래하다, **durante** ~동안, **il lavoro** 일)

Cantavo durante il lavoro.
일하는 동안 나는 노래를 했습니다.

비완료과거가 과거 상황에 대해 묘사할 때 우리말로는 단순히 '~했다'라고만 해석되는 한계가 있습니다. 따라서 문맥에 맞게 시제를 이해할 필요가 있습니다.

3) 과거에 어떤 행위가 지속적으로 일어나고 있을 때, 어떠한 사건이 개입된 경우에는 비완료과거와 직설법 근과거형을 함께 쓸 수 있습니다!

Practical, **Useful** and **Easy-To-Understand** Lessons!

From basic **greetings** and **expressions** to grammar and **conversations!**

The best and quickest way
to communicate in a new language!
Learn to understand and speak Languages quickly and easily!

과거에 지속적으로 일어난 행위에는 비완료과거형을 쓰며,
보통은 시간접속사 **mentre** (~하는 동안에)와 함께 씁니다.
mentre 는 뒤따라오는 비완료과거형 동사가 과거의 '지속성'을 의미하게 합니다.

(**mentre** ~하는 동안, **studiare** 공부하다, **essere** ~이다, **arrivare** 도착하다)

Mentre Luca studiava, è arrivata Rita.
Luca가 공부하고 있는 동안에 Rita가 도착했습니다.

위의 문장에서 보면 **Luca** 가 공부하는 것은 과거에 지속적으로 일어난 행위이고,
Rita 가 도착한 것은 과거의 어느 한 순간에 일어난 행위입니다. 따라서 지속성을 나타내는 행위
에는 비완료과거, 완료성을 나타내는 행위에는 근과거로 과거의 시제를 표현할 수 있습니다.

15-5. 직설법 비완료과거로 쓰이면 뜻이 변하는 동사!

dovere (~해야 한다), **potere** (~할 수 있다), **volere** (~원하다) 등의 조동사를 비완료과거로 사용
하면 '불확실성'이란 의미를 가지게 됩니다.

(**ieri** 어제, **dovere** ~해야 한다, **incontrare** 만나다)

Ieri ho dovuto incontrare Maria.
어제 나는 Maria를 만나야만 했습니다.

Ieri dovevo incontrare Maria.
어제 나는 Maria를 만나야만 했습니다.

두 문장 모두 우리말로는 '어제 나는 **Maria** 를 만나야만 했습니다.'이지만 근과거로 쓰인 첫 번
째 문장은 **Maria** 를 분명히 만났다는 의미를 내포하고 있습니다.

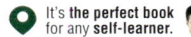

반면 비완료과거로 쓰인 두 번째 문장은 '내가 **Maria** 를 만났을 수도 있고 안 만났을 수도 있었다'라는 의미로 화자가 **Maria** 를 봤는지 안 봤는지 확실하지 않습니다.
이렇듯 조동사의 비완료과거는 '불확실성'을 내포하고 있습니다.

(**ieri** 어제, **potere** ~할 수 있다, **incontrare** 만나다)

Ieri ho potuto incontrare Maria.

어제 나는 Maria를 만날 수 있었습니다.

Ieri potevo incontrare Maria.

어제 나는 Maria를 만날 수 있었습니다.

마찬가지로 첫 번째 근과거형 문장은 '어제 마침내 **Maria** 를 만날 수 있었다.'라는 뜻을 가지기 때문에 내가 어제 **Maria** 를 만난 것은 과거에 일어난 '사실'이란 의미이며,
조동사 **potere** 를 사용한 두 번째 문장은 비완료과거형으로 '불확실성'을 내포하고 있으므로
'내가 만났을 수도 안 만났을 수도 있다.'라는 의미가 됩니다.

Multi Plus

Learn to understand and speak Languages quickly and easily

Practical, Useful and
Easy-To-Understand Lessons!

15+.
Lezione 15. Multi-Plus
이탈리아어 응급상황 표현 총정리!

이번 시간은 약국과 병원을 이용할 때 필요한 회화 표현을 만나 보겠습니다.

It's the perfect book
for any self-learner.
Italian

15-1+. 아플 때 필요한 이탈리아어 여행회화!

여행 중에 아프면 정말 답이 없습니다.
약을 먹고 나을 수 있다면 좋겠지만 결국 병원에 가야 하는 상황도 대비해야 합니다.
그래서 약국과 병원을 이용할 때 필요한 주요 회화 표현을 모아 봤습니다.
증상을 표현할 때는 **avere** (가지다) 동사가 주로 사용됩니다.

① 이탈리아어 여행회화 : 병원/약국 찾기!

(**dove** 어디, **essere** ~이다, **la farmacia** 약국, **più** 더, **vicino** 가까운, **chiamare** 부르다,
l'ambulanza 구급차, **mi** 나를, **potere** ~할 수 있다, **accompagnare** 데려다주다, **a** ~에,
l'ospedale 병원, **volere** 원하다, **prenotare** 예약하다, **la visita** 예약, **per** ~위해,
la valutazione 평가, **di** ~의, **lo stato** 상태, **la salute** 건강)

Dov'è la farmacia più vicina?
가장 가까운 약국은 어디 있습니까?

Chiama l'ambulanza!
구급차를 불러주세요!

Mi può accompagnare all'ospedale più vicino?
가장 가까운 병원으로 저를 데려다주시겠습니까?

The best and quickest way
to communicate
in a new language!
Learn to understand
and speak Languages
quickly and easily!

Voglio prenotare una visita

per la valutazione dello stato di salute.
건강검진을 예약하고 싶습니다.

❷ 이탈리아어 여행회화 : 증상 말하기!

(**non** 아니다, **sentirsi** 상태가 ~하다, **bene** 잘, **avere** 가지다, **il male** 악, **di** ~의,
avere mal di ~가 아프다, **la testa** 머리, **la febbre** 열, **alto** 높은, **il giramento** 현기증,
potere ~할 수 있다, **respirare** 호흡하다)

Non si sente bene?
아프신가요?

Ho mal di testa.
나는 머리가 아픕니다.

Ho la febbre alta.
나는 열이 많이 납니다.

Ha giramenti di testa?
당신은 어지럽습니까?

Non posso respirare bene.
호흡을 잘 할 수 없습니다.

❸　이탈리아어 여행회화 : 주요 질병!

(avere 가지다, il raffreddore 감기, avere mal di ~ ~가 아프다, la pancia 배,
bruciarsi 화상을입다, il dito 손가락, la nausea 구토)

Ho il raffreddore.
나는 감기에 걸렸습니다.

Ho mal di pancia.
나는 복통이 있습니다.

Mi sono bruciato/a il dito.
나는 손가락에 화상을 입었습니다.

화자가 남성이면 **bruciato**, 여성이면 **bruciata** 로 말합니다.
bruciato/a 다음에는 화상을 입은 부위의 명사형을 말하면 됩니다.

Ho la nausea.
나는 구토가 납니다.

Practical, Useful and
Easy-To-Understand Lessons!

16.
Lezione 16.
이탈리아어의 시제, 그 세 번째! : 직설법 원과거
Da giovane lessi molto.

젊어서부터 많이 읽었다.

이번 과에서는 세 번째 과거시제, '원과거'입니다.
원과거는 문학작품이나 기사에서 많이 나오는 문어체적 표현입니다.

Da giovane lessi molto.

It's the perfect book for any self-learner.

 ### 16-1. 이탈리아의 지역감정!

이탈리아는 일찍부터 지방자치제가 발달하였습니다.
때문에 역사적 정치적으로 고유한 언어와 문화를 유지하며 발전시킬 수 있었습니다.
그런데 한편으로 고유성은 타지방에 대한 폐쇄성으로 발현되기도 했습니다.
역사적으로 이탈리아 북부는 게르만과 라틴 혈족이지만, 남부는 아프리카와 아랍의 지배를
받았기 때문에 아랍 혈족이 많습니다. 아울러 북부 이탈리아와 남부 이탈리아는 경제적인
격차 또한 상당했기 때문에 북부 사람들은 남부를 심하게 차별했습니다. 산업화된 북부는
자신들의 자본이 못 사는 남부로 가는 것을 꺼려했으며, 남부 사람들의 북부행 구직행렬이
실업률 증가의 원인이라고 여겨 지역감정의 골이 더욱더 깊어졌습니다.
남부는 남부대로 북부의 경제적 성장이 남부의 시장과 노동력 없이는 불가능했다고 생각하고,
북부의 경제력으로 남부를 발전시켜야 한다고 주장합니다.

 ### 16-2. 이탈리아어의 시제, 직설법 원과거!

'직설법 원과거' (**passato remoto indicativo**)는 문학작품이나 기사에서 많이 나오는 문어체적
표현입니다.
주로 현재와 관련이 없는 먼 과거의 일을 가리킬 때 쓰입니다.
다시 말해 현재시점에서 아주 먼~ 과거를 이야기할 때 쓰이는 과거시제입니다.
원과거는 과거형만 외우면 되는 단순한 과거이며,
구어체에서는 거의 쓰이는 일이 없는 과거형입니다.
문학 작품이나 기사에 많이 등장하는 과거형이어서,
보다 수준 높은 독해능력을 위해서 원과거 학습은 필수적입니다.

 ### 16-3. 직설법 원과거 만드는 방법!

원과거가 중요한 이유는 아직까지 문학작품이나 특히 역사를 다루는 책들에서 원과거형이 많이
쓰이고 있기 때문입니다.

It's the perfect book for any self-learner.

원과거는 문어체이기 때문에 동사형을 일일이 외우기보다는 이러한 형태가 원과거라는 것을 눈으로 익히는 것이 좋습니다.
원과거의 규칙형은 동사의 어미 **-are / -ere / -ire** 에 따라 다음과 같이 변합니다.
방식은 동사의 기본 어미를 떼고 각 인칭별 원과거 어미를 붙이는 방식입니다.

	spos-are 결혼하다	ricev-ere 받다	mor-ire 죽다
io	spos-ai	ricev-ei/ ricev -etti	mor-ii
tu	spos-asti	ricev-esti	mor-isti
lui/lei/Lei	spos-ò	ricev-é/ ricev-ette	mor-ì
noi	spos-ammo	ricev-emmo	mor-immo
voi	spos-aste	ricev-este	mor-iste
loro	spos-arono	ricev-erono/ ricev-ettero	mor-irono

(**nel + 년도** ~년도에, **la ragazza** 소녀, **la lettera** 편지, **a** ~에서)

Nel 1910 lui sposò la ragazza.
1910년에 그는 그 소녀와 결혼했다.

Nel 1924 Francesca ricevé la lettera.
1924년에 Francesca는 그 편지를 받았다.

Dante Alighieri morì a Ravenna nel 1321.
Dante Alighieri는 Ravenna에서 1321년에 죽었다.

원과거도 다른 동사형과 마찬가지로 불규칙이 존재합니다.
대표적인 불규칙동사들은 다음과 같습니다.

essere (~이다)	fui, fosti, fu, fummo, foste, furono
avere (가지다)	ebbi, avesti, ebbe, avemmo, aveste, ebbero
dare (주다)	diedi(detti), desti, diede(dette), demmo, deste, diedero(dettero)
dire (말하다)	dissi, dicesti, disse, dicemmo, diceste, dissero

(**essere** ~이다, **grande** 위대한/큰, **lo scrittore** 작가, **avere** 가지다, **molto** 많은, **i soldi** 돈, **dare** 주다, **la casa** 집, **a** ~에게, **suo** 그의, **il fratello** 형제, **non** 아니다, **la verità** 진실)

Dante fu un grande scrittore.

Dante는 위대한 작가였다.

Carlo ebbe molti soldi.

Carlo는 많은 돈을 가지고 있었다.

Carlo diede una casa a suo fratello.

Carlo는 그의 형제에게 집 한 채를 줬다.

Maria non disse la verità.

Maria는 진실을 말하지 않았다.

 ## 16-4. 근과거, 비완료과거, 원과거 비교!

'근과거, 비완료과거, 원과거'는 우리말로는 해석상 거의 차이가 없습니다.
그래서 각 과거의 속성을 이해하는 것이 중요합니다.
각각의 특징을 고려해야 문장을 완벽하게 이해할 수 있다는 것입니다.

(**da** ~부터, **il giovane** 청년, **leggere** 읽다, **molto** 많은)

Da giovane leggevo molto.

젊어서부터 (책을) 많이 읽었습니다. (비완료과거)

Da giovane ho letto molto.

젊어서부터 (책을) 많이 읽었습니다. (근과거)

Da giovane lessi molto.

젊어서부터 (책을) 많이 읽었다. (원과거)

첫 번째 문장은 과거 행동의 '습관성'을 강조하고 있는 문장입니다.
두 번째 문장은 과거에 완료된 행동이 현재에 어느 정도 영향이 있음을 내포하는데,
예를 들면 '젊어서부터 책을 많이 읽어서 지금 나는 안경을 씁니다.'처럼
과거의 행동으로 인해 현재 어떤 영향을 받았다는 의미를 가지고 있습니다.
세 번째 문장은 심리적, 신체적으로 단절된 아주 먼 과거의 일이란 것을 암시하고 있습니다.
너무나 먼 과거라 현재 어떤 영향도 주지 못한다는 의미입니다.

 16-5. 이탈리아어의 접속사 : 등위접속사

A 와 **B** 를 서로 동등하게 연결하는 품사를 '등위접속사' (**congiunzioni coordinanti**)라고 합니다. 이때 **A** 와 **B** 는 단어/구/문장이 될 수 있습니다. 대표적인 이탈리아어 등위접속사의 종류는 다음과 같습니다.

1) 등위연결접속사 : '**A** 그리고 **B**' 의 관계

등위연결접속사에는 긍정의 연결사 **e** (그리고), **anche** (또한), **inoltre** (게다가)와 부정의 연결사 **né** (~도 아니다), **neanche** (~도 또한 아니다), **nemmeno** (~조차 아니다) 등이 있습니다.

(**leggere** 읽다, **il giornale** 신문, **tornare** 돌아가다, **a** ~에, **la casa** 집, **non** 아니다, **mangiare** 먹다, **il pane** 빵, **bere** 마시다, **il latte** 우유)

Leggo il giornale e torno a casa.
나는 신문을 읽고 집에 갑니다.

Non mangio il pane né bevo il latte.
나는 빵을 먹지도 우유를 마시지도 않습니다.

2) 등위대립접속사 : '**A** 그러나 **B**' 의 관계

등위대립접속사는 **A però B** (**A** 하지만 **B**)와 **non A bensì B** (**A** 가 아니라 **B**), 2가지로 나눌 수 있습니다.
A però B (**A** 하지만 **B**)에 속하는 것으로는 **ma, tuttavia, eppure** 가 있습니다.

(**conoscere** 알다, **essere** ~이다, **l'amico** 친구, **volere** 원하다, **fare** 하다, **la spesa** 쇼핑, **non** 아니다, **avere** 가지다, **i soldi** 돈)

Conosco Luigi, ma non siamo amici.
나는 Luigi를 알지만, 친구는 아닙니다.

From **basic greetings** and **expressions** to grammar and c**o**nve**r**sations!

Voglio fare la spesa, però non ho i soldi.

나는 쇼핑을 하고 싶지만, 돈이 없습니다.

non A bensì B (**A** 가 아니라 **B**)에 속하는 것으로는 **anzi, invece, ma** 등이 있습니다.

(**bello** 아름다운, **brutto** 못생긴, **simpatico** 친절한, **antipatica** 불친절한/못된)

Enzo non è bello, anzi è brutto.

Enzo는 잘생긴 것이 아니라 못생겼습니다.

Sara non è simpatica, ma è antipatica.

Sara는 친절한 것이 아니라 못됐습니다.

3) 등위선택접속사 : '**A** 또는 **B**' 관계

등위선택접속사에 속하는 것으로는 **o, oppure, ovvero** 가 있습니다.

(**studiare** 공부하다, **dormire** 잠자다, **venire** 오다)

Luca studia o dorme?

Luca는 공부합니까 아니면 잠을 잡니까?

Lui viene o non viene?

그가 옵니까 아니면 안 옵니까?

 16-6. 이탈리아어의 종속접속사!

'종속접속사' (**congiunzioni subordinanti**)는 주절과 종속절을 이어주는 접속사로,
주절이 종속절에 영향을 주는 관계여서 주절의 표현이 종속절의 동사 변화형에 영향을 줍니다.
종속접속사의 대표적인 종류는 다음과 같습니다.

1) 원인종속접속사 : **perché** (~때문에)

원인종속접속사가 있는 종속절은 주절의 '원인'이 됩니다.

(**uscire** 외출하다, **piovere** 비가 오다, **mangiare** 먹다, **la carne** 고기, **essere** ~이다,
il vegetariano 채식주의자)

Non esco, perché piove.
나는 비가 오기 때문에 나가지 않습니다.

Non mangio la carne, perché sono vegetariano.
나는 채식주의자이기 때문에 고기를 먹지 않습니다.

2) 양보종속접속사 : **anche se** (비록 ~일지라도)

양보종속접속사의 종속절은 주절에 대한 '양보의 의미'를 담습니다.

(**arrivare** 도착하다, **essere** ~이다, **tardi** 늦게, **felice** 행복한, **povero** 가난한)

Lui è arrivato anche se è tardi.
그는 비록 늦었지만 도착했습니다.

Lei è felice anche se è povera.
그녀는 가난하지만 행복합니다.

3) 시간종속접속사 : **mentre** (~하는 동안), **dopo che** (~한 뒤에), **quando** (~할 때)

시간종속접속사는 주로 복합시제로 이루어진 문장구조에서 사용됩니다.
과거에 연속적으로 일어난 사건의 선후관계를 말할 때나, 미래에 일어날 사건들의
선후관계를 말할 때 주로 사용합니다.
('사건의 선후관계'에 대해서는 제17과부터 자세히 설명드리겠습니다.)

(**mangiare** 먹다, **guardare** 보다, **la TV** 텔레비전, **arrivare** 도착하다, **l'autobus** 버스,
andare 가다, **a piedi** 걸어서)

Mentre mangio, guardo la TV.
나는 먹는 동안 TV를 봅니다.

Quando non arriva l'autobus, andiamo a piedi.
버스가 오지 않을 때 걸어서 갑니다.

Multi Plus

Learn to understand and speak Languages quickly and easily!

16+.
Lezione 16. Multi-Plus
이탈리아어 쇼핑 회화 단계별 총정리!

이탈리아 여행의 또 다른 기쁨, 쇼핑입니다. 쇼핑에 필요한 단계별 회화를 준비했습니다.

It's **the perfect book**
for any **self-learner.** *Italian*

16-1+. 쇼핑용 이탈리아어 단계별 회화!

❶ 쇼핑용 이탈리아어 회화 1단계, 상점 찾기!

추천장소: **la farmacia** 약국, **il supermercato** 슈퍼마켓, **il mercato** 시장, **il centro** 중심가, **il negozio** 상점, **il duty free shop** 면세점, **gli alimentari** 식료품점

추천 코너 : **il reparto di** ~의 코너, **il cosmetico** 화장품, **le scarpe** 신발, **il profumo** 향수, **l'abbigliamento** 의류

(**dove** 어디에, **grande** 큰, **il magazzino** 창고, **il grande magazzino** 백화점, **l'abito** 의류)

Dove è il grande magazzino?
백화점이 어디에 있습니까?

Dove è il reparto di abiti?
의류 코너는 어디입니까?

❷ 쇼핑용 이탈리아어 회화 2단계, 상품 고르기!

상점에 들어갈 때는 먼저 가볍게 인사하시면 됩니다.
Buon giorno! / Buona sera! / Salve! (오전 인사/오후 인사/안녕하세요!)
그러면 점원의 응대가 이어집니다.
Che desidera? (무엇을 원하십니까?), **Come posso aiutarLa?** (무엇을 도와드릴까요?)
도움이 필요 없을 경우엔 **No grazie.** (아니오, 괜찮습니다.)로 정중히 거절하면 됩니다.

추천상품 : **i pantaloni** 바지, **la gonna** 치마, **la camicia** 셔츠, **la camicetta** 블라우스, **il completo** 정장

The best and quickest way
to communicate
in a new language!

Learn to understand
and speak Languages
quickly and easily!

212

Practical, **Useful** and
Easy-To-Understand Lessons!

(**dare** 주다, **l'occhiata** 힐끗 봄, **cercare** 찾다, **potere** ~할 수 있다, **provare** 시도하다,
questo 이것, **dove** 어디, **essere** ~이다, **il camerino** 피팅룸)

Do un'occhiata.
단지 보고 있는 중입니다.

Cerco una gonna.
치마를 하나 찾고 있습니다.

Posso provare questo?
이것을 입어볼 수 있을까요?

Dov'è il camerino?
피팅룸이 어디 있습니까?

❸ 쇼핑용 이탈리아어 회화 3단계, 상품 선택!

피팅 관련 표현 : **grande** 큰, **piccolo** 작은, **stretto** 꽉 끼는, **largo** 헐렁한

(**mi** 나에게, **piacere** 마음에 들다, **molto** 매우, **non** 아니다, **Le** 당신에게, **stare** ~이다,
bene 잘, **avere** 가지다, **la taglia** 사이즈, **più** 더, **che** 무슨, **portare** 가져가다)

Mi piace/piacciono molto.
아주 마음에 듭니다.

Non mi piace/piacciono.
마음에 들지 않습니다.

Le sta bene.
잘 어울리시네요.

It's **the perfect book**
for any **self-learner.** 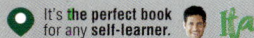 *Italian*

Non mi sta/stanno.

사이즈가 맞지 않습니다. / 나에게 어울리지 않습니다.

Avete una taglia più piccola/ grande?

더 작은/큰 사이즈가 있습니까?

Che taglia porta Lei?

당신은 사이즈가 무엇입니까?

바지나 양말, 신발처럼 짝으로 이루어진 것들은 이탈리아어에서 항상 복수로 지칭합니다.
따라서 바지는 **i pantaloni**, 양말은 **le calze**, 신발은 **le scarpe** 로 복수형으로 씁니다.

'**piacere** 동사 + 간접목적격 대명사 **mi** '는 '~에게 ~가 마음에 들다'이고,
'**stare** 동사 + 간접목적격 대명사 **mi** '는 '~에게 ~가 어울리다' 입니다.
이때 주어가 단수이면 **piace / sta**, 복수이면 **piacciono / stanno** 가 됩니다.

4 쇼핑용 이탈리아어 회화 4단계, 계산하기!

(**lo** 그것을, **prendere** 가지다, **potere** ~할 수 있다, **avere** 가지다, **lo sconto** 할인,
confezionare 포장하다, **quanto** 얼마, **costare** 비용이 들다, **in tutto** 모두)

Lo prendo.
그것으로 하겠습니다.

Posso avere uno sconto?
할인을 받을 수 있을까요?

Può confezionarlo?
포장됩니까?

Quanto costa in tutto?
전부 얼마입니까?

The best and quickest way
to communicate in a new language!
Learn to understand and speak Languages quickly and easily!

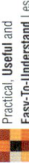

17.
Lezione 17.
이탈리아어의 시제, 그 네 번째! : 직설법 대과거
Quando sono entrato in casa, tutti erano già partiti.
내가 집에 들어왔을 때, 모두 이미 떠났습니다.

이탈리아어는 과거에 일어났던 사건의 순서에 따라 과거형이 변합니다.
직설법 대과거를 이용해서 과거사건의 선후관계를 표현할 수 있습니다.

Quando sono entrato in casa, tutti erano già partiti.

It's the perfect book for any self-learner.

Practical, **Useful** and **Easy-To-Understand** Lessons!

From **basic greetings** and **expressions** to **grammar** and **conversations!**

Practical, **Useful** and
Easy-To-Understand Lessons!

 ## 17-1. 이탈리아 국기를 상징하는 피자!

이탈리아의 **pizza** (피자)는 전 세계인이 사랑하는 글로벌 먹거리입니다.
pizza 라는 말이 처음 쓰인 때는 997년이고, 평평한 빵 모습을 가진 **foccacia** (포카치아)가
'피자의 조상'이라고 할 수 있습니다. 현재의 모습과 가까운 피자는 나폴리왕국에서 1700년대에
처음 등장했는데 귀족부터 하층민까지 나폴리 사람 모두가 사랑하는 음식이었습니다.
1889년에 사보이아의 마르게리타 여왕에게 받치기 위해 만들었던 **Pizza Margherita**
(마르게리타 피자)는 바질이 초록색을, 토마토는 빨간색을, 모짜렐라가 흰색을 나타내어
마치 이탈리아의 국기를 상징할 수 있도록 만들었습니다. 바로 이런 이유로 이탈리아를
대표하는 피자를 말할 때, 우리 모두는 피자의 도시 나폴리를 떠올리게 된 것입니다.

 ## 17-2. 이탈리아어의 시제, 직설법 대과거!

'직설법 대과거' (**trapassato prossimo indicativo**)는 복합적인 과거의 사건들을
순서적으로 나타내는 시제입니다.
즉, 과거에 두 가지의 사건이 연달아 일어났을 때, 사건을 순차적으로 나열하기 위해
먼저 일어난 과거 사건과 나중에 일어난 과거 사건을 각각 다른 과거 형태를 써서
표현할 때 사용합니다.
두 가지 사건의 연속성을 두 가지의 다른 시제를 써서 다루기 때문에
접속사 **quando** (~할 때) 또는 **che** (~한) 등으로 연결된 주절과 종속절로 이루어진
복문에서 주로 쓰입니다. **A** 와 **B** 라는 과거 사건이 있을 때, **A quando B** 나 **A che B** 와
같은 문장구조로 나타낼 수 있습니다.

 ## 17-3. 직설법 대과거 만드는 방법!

대과거는 근과거처럼 시제조동사 **essere** 또는 **avere** 와 동사의 과거분사형으로 만듭니다.

 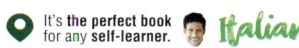

시제조동사 **essere** 또는 **avere** 를 조동사로 선택하는 기준 역시 근과거와 마찬가지로
자동사인 경우는 **essere** 동사를, 타동사인 경우는 **avere** 동사를 취합니다.

단, 근과거에서는 **essere** 와 **avere** 동사가 직설법 현재형으로 변화했다면,
대과거에서는 '반과거' 형태로 주어의 인칭에 따라 변합니다.
(형태상 영어의 **had + p.p** 또는 **was + p.p** 와 비교할 수 있습니다.)

> **essere** 반과거형 + 과거분사(자동사)
> **avere** 반과거형 + 과거분사(타동사)

essere 를 조동사로 택한 과거분사는 주어의 성과 수에 따라 다음과 같이 일치시켜야 합니다.

> **ero**
> **eri**　　　　+ ato/a, uto/a, ito/a
> **era**
>
> **eravamo**
> **eravate**　　+ ati/e, uti/e, iti/e
> **erano**

반면, **avere** 를 조동사로 택한 과거분사는 마지막 모음이 변하지 않습니다.

> **avevo**
> **avevi**
> **aveva**
>
> **avevamo**　　+ ato, uto, ito
> **avevate**
> **avevano**

The best and quickest way
to communicate in a new language!
Learn to understand and speak Languages quickly and easily!

(**lo studente** 학생, **partire** 떠나다, **finire** 끝내다, **il lavoro** 일)

… lo studente era partito …
… 학생은 떠났다 …

… gli studenti erano partiti …
… 학생들은 떠났다 …

… avevo finito il lavoro …
… 일을 끝냈다 …

… avevano finito il lavro …
… 그들은 일을 끝냈다 …

위의 예문은 복문의 한 부분으로 대과거만 따로 나열한 것입니다.
대과거는 다른 과거시제(근과거/반과거/원과거)와는 달리 단문에서 쓰일 수 없습니다.
왜냐하면, 대과거는 연속된 사건의 시차성을 구분 짓기 위해서 사용하는 과거형이기
때문입니다.

 # 17-4. 접속사 **quando**, **che**와 직설법 대과거!

접속사 **quando** (~할 때)는 과거에 먼저 일어난 사건을 **A**, 그 뒤에 일어난 사건을 **B** 라고 할 때,
Quando B, A. 의 형태로 문장이 만들어집니다.
이때 과거에 선행하여 일어난 사건 **A**는 '대과거'로 표현하며,
그 뒤에 일어난 사건 **B**는 '근과거'로 표현합니다.

(**entrare** 들어가다, **in** ~에, **la casa** 집, **tutti** 모두, **già** 이미, **partire** 떠나다, **arrivare** 도착하다,
a ~에, **l'aeroporto** 공항, **l'aereo** 비행기, **da** ~부터, **suo** 그의, **il paese** 마을, **tornare** 돌아오다,
il nonno 할아버지, **la nonna** 할머니, **uscire** 나가다)

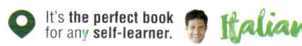 It's the perfect book
for any self-learner. Italian

**Quando sono entrato in casa,
tutti erano già partiti.**

내가 집에 들어왔을 때, 모두 이미 떠났습니다.

**Quando siamo arrivati all'aeroporto,
l'aereo era già partito.**

우리가 공항에 도착했을 때, 비행기는 이미 떠났습니다.

**Quando Luca è partito dal suo paese,
Eva era già tornata a casa.**

Luca가 그의 마을에서 떠났을 때, Eva는 이미 집으로 돌아왔습니다.

**Quando il nonno è arrivato a casa,
la nonna era già uscita.**

할아버지가 집에 도착했을 때, 할머니는 이미 외출했습니다.

부사는 일반적으로 문장 앞에서 문장 전체를 꾸며주거나
동사 앞이나 뒤에서 동사를 꾸며줍니다.
그러나 부사 **già** (이미)는 조동사 **essere** 나 **avere** 와 과거분사가 함께 쓰일 경우,
이들 사이에 위치하여 과거분사형을 꾸며줍니다.

접속사 **che** (~한)은 과거에 먼저 일어난 사건을 **A**, 그 뒤에 일어난 사건을 **B** 라고 할 때,
B che A. 로 문장이 만들어집니다. 이때 과거에 선행하여 일어난 사건 **A**는 대과거 형태를 쓰며,
그 뒤에 일어난 사건 **B**는 근과거 형태로 씁니다.

(**ieri** 어제, **comprare** 사다, **la gonna** 치마, **desiderare** 원하다, **tanto** 매우, **vedere** 보다,
mi 나에게, **presentare** 소개하다, **la settimana** 주, **scorso** 지난, , **ricevere** 받다,
la lettera 편지, **mandare** 보내다, **arrivare** 도착하다, **il pacco** 상자/소포, **spedire** 보내다,
da ~부터, **l'estero** 해외)

From **basic greetings** and **expressions** to **grammar** and **conversations**!

Ieri ho comprato la gonna
che avevo desiderato tanto.

어제 내가 매우 원했던 치마를 샀습니다.

Ho visto Marco
che tu mi avevi presentato la settimana scorsa.

네가 나에게 지난 주에 소개했던 Marco를 봤어.

Ho ricevuto una lettera
che mi aveva mandato Paolo.

나는 Paolo가 나에게 보낸 편지를 받았습니다.

È arrivato un pacco
che aveva spedito dall'estero.

외국에서 보낸 소포가 도착했습니다.

17-5. 이탈리아어 과거시제 총정리!

지금까지 이탈리아어의 다양한 과거시제를 공부했습니다.
이탈리아어의 과거형에는 직설법 근과거, 직설법 비완료과거, 직설법 원과거,
직설법 대과거가 있습니다.

근과거는 현재와 관련된 그리 멀지 않은 과거를 나타낼 때 사용하고,
비완료과거는 과거의 지속성이나 습관성의 의미를 내포할 때 사용합니다.
원과거는 현재와는 관련이 없는 아주 먼 과거의 사건을 의미할 때,
그리고 대과거는 과거에 두 사건이 있을 때 과거 사건의 선후관계를 나타낼 때 사용합니다.

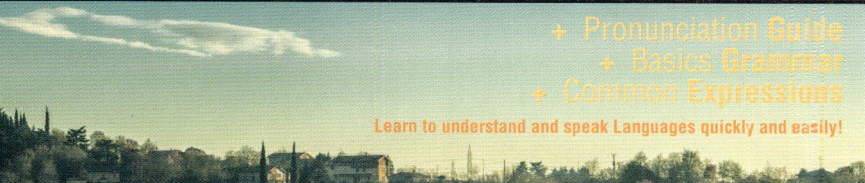
과거형 각각의 관계를 도식화하면 다음과 같이 표현할 수 있습니다.

직설법원과거   직설법근과거   직설법현재

직 설 법 비 완 료 과 거

직설법대과거

multi plus

Learn to understand and speak Languages quickly and easily!

17+.
Lezione 17. Multi-Plus
이탈리아어 대중교통 이용 회화 모음!

이번 시간은 여러분의 여행을 더욱 든든하게 해줄
이탈리아어 여행회화 대중교통편입니다.

It's the perfect book
for any self-learner. *Italian*

17-1+. 이탈리아 시내 관광을 위한 대중교통 회화!

❶ 이탈리아 지하철 이용하기!

이탈리아는 아무 데나 파도 문화유적이 쏟아져 나올 정도로 국토 전체가 유적지인 나라입니다.
때문에 현재 지하철이 있는 도시는 **Catania, Napoli, Milano, Roma** 정도밖에 없고,
Milano 는 기껏 해봐야 4개의 라인이, 수도인 **Roma** 는 3개의 라인만이 있습니다.
이탈리아의 지하철은 무임승차를 막고자 곳곳에서 티켓을 확인하기 때문에
티켓을 버리지 말고 내릴 때까지 꼭 가지고 있어야 합니다.

추천단어 : **il biglietto** 승차권, **la biglietteria** 승차권 판매소, **la entrata** 입구, **la uscita** 출구,
la linea 라인/노선, **salire** 승차하다, **scendere** 하차하다, **cambiare** 환승하다, **il viaggio** 여행/
여정

(**dove** 어디에, **essere** ~있다, **la stazione** 역, **di** ~의, **la metro** 지하철, **più** 더, **vicino** 가까운,
quale 어떤, **la linea** 노선, **di** ~의, **dovere** ~해야만 하다, **prendere** 타다, **per** ~위해, **arrivare**
도착하다, **a** ~에, **la piazza** 광장, **cambiare** 바꾸다, **mi** 나에게, **dare** 주다, **il carnet** 회수권,
da ~으로써, **dieci** 숫자 10, **il biglietto** 표, **per favore** 부탁합니다)

Dove è la stazione della metro più vicina?
가장 가까운 지하철 역이 어디입니까?

Quale linea della metro devo prendere per arrivare alla piazza Navona?
Navona 광장으로 가려면 몇 호선을 타야 합니까?

Devo cambiare?
환승해야 합니까?

Mi dà un carnet da dieci biglietti, per favore?
10회 승차권 주시겠습니까?

223

Practical **Useful** and
Easy-To-Understand Lessons!

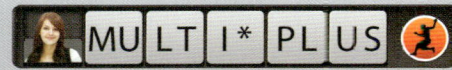

The best and quickest way to communicate in a new language!
Learn to understand and speak Languages quickly and easily!

이탈리아에는 다양한 종류의 지하철 티켓이 있습니다.
'왕복권' (**l'andata e ritorno**)은 물론 1개월, 1년 단위로 끊는 '정기권' (**l'abbonamento**)도 있습니다.

❷ 이탈리아 기차 이용하기!

이탈리아에는 다양한 종류의 기차가 전 유럽을 연결하고 있습니다.
광대한 철도망은 여행자들을 이탈리아 전역뿐만 아니라 유럽 구석구석까지 연결해 줍니다.
하지만 이탈리아는 파업과 연착으로 악명이 높아서,
열차를 이용하기 전엔 반드시 파업 여부, 연착 여부를 미리 확인해야 합니다.

(**potere** ~할 수 있다, **trovare** 찾다, **la tabella** 게시판/도표, **orario** 시간의, **di** ~의, **il treno** 기차, **a che ora** 몇 시에, **partire** 출발하다, **per** ~행, **l'ufficio** 사무실, **l'informazione** 정보, **questo** 이, **andare** 가다, **a** ~에, **l'andata e ritorno** 왕복, **per favore** 부탁합니다)

Dove posso trovare la tabella oraria dei treni?
기차 시간표를 어디서 얻을 수 있습니까?

A che ora parte il treno per Napoli?
Napoli행 기차는 몇 시에 출발합니까?

Dove è l'ufficio d'informazioni?
안내소는 어디에 있습니까?

Questo treno va a Roma?
이 열차가 Roma로 갑니까?

Andata e ritorno, per favore.
왕복으로 부탁합니다.

❸ 이탈리아 택시 이용하기!

이탈리아에서 택시비는 매우 비쌉니다.
평일과 휴일 그리고 야간에 따라 기본요금이 달라지며, 밀라노의 경우 시내에서 이동할 때 20유
로 정도 나올 수 있습니다. 또한 아무데서나 택시를 탈 수는 없어서, 콜택시를 부르거나 택시정
류소를 이용해야 합니다.

(**dove** 어디, **volere** 원하다, **andare** 가다, **a** ~에, **la piazza** 광장, **fermare** 멈추다, **qui** 여기어,
per favore 부탁합니다, **tenere** 가지다, **il resto** 잔돈)

Dove vuole andare?
어디로 가시겠습니까?

Vorrei andare a Piazza Roma.
로마 광장에 가고 싶습니다.

Fermi qui, per favore.
여기 세워주십시오.

Tenga il resto.
잔돈은 가지세요.

The best and quickest way
to communicate in a new language!
Learn to understand and speak Languages quickly and easily!

Andrò al mare quest'estate.

It's the perfect book for any self-learner.

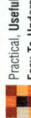

Practical, Useful and
Easy-To-Understand Lessons!

226

18.
Lezione 18.
이제는 미래형이다, 단순미래와 선립미래!
Andrò al mare quest'estate.
나는 이번 여름에 바다에 갈 것입니다.

이번 과에서는 이탈리아어 미래시제에 대해 알아보겠습니다.
이탈리아어로 미래를 표현하는 방법은 '단순미래'와 '선립미래'가 있습니다.

It's the perfect book
for any self-learner. Italian

Practical, **Useful** and
Easy-To-Understand Lessons!

From **basic greetings**, expressions to **grammar** and conversations!

basic greetings
expressions
grammar and conversations!
Learn to understand and speak languages quickly and easily!

 ## 18-1. 이탈리아의 대표 음식 파스타!

pasta (파스타)는 **pizza** (피자)와 더불어 이탈리아를 대표하는 먹거리이자,
전 세계적인 사랑을 받는 글로벌 푸드입니다. 파스타는 이탈리아어로
'밀가루 반죽으로 만든 면'의 한 종류입니다.
파스타는 그 형태에 따라 약 350여 종이 있으며, 그 중 대표적인 것이 '긴 면'을 뜻하는
spaghetti (스파게티), '길고 납작한 면'을 뜻하는 **tagliatelle** (딸리아뗄레), '넓적한 면'
lasagna (라쟈냐), '회오리 모양'의 **fusilli** (푸질리) 등입니다.
여기에 토마토나 올리브 혹은 크림소스를 더해 다양한 파스타 요리를 만드는 것입니다.
보통 이탈리아 사람들은 **antipasto** (전채요리)를 가볍게 먹고 나서 파스타,
그리고 고기류를 먹고, 마지막으로 후식과 커피 혹은 도수가 강한 식후주를 즐깁니다.

 ## 18-2. 이탈리아어의 미래시제, 단순미래!

'단순미래' (**futuro semplice**)는 현재 시점보다 나중에 일어날 일을 표현할 때 사용합니다.
이탈리아어의 미래형은 '단순미래형'과 '선립미래형' 2가지가 있습니다.
단순미래형을 만드는 방법은 동사의 어미 **-are / -ere / -ire** 에 따라 다음과 같습니다.

	am-are 사랑하다	prend-ere 가지다/먹다	cap-ire 이해하다
io	am-erò	prend- erò	cap-irò
tu	am-erai	prend- erai	cap-irai
lui/lei/Lei	am-erà	prend- erà	cap-irà
noi	am-eremo	prend- eremo	cap-iremo
voi	am-erete	prend- erete	cap-irete
loro	am-eranno	prend- eranno	cap-iranno

  *Italian*

(**amare** 사랑하다, **mio** 나의, **futuro** 미래의, **il marito** 남편, **prendere** 가지다/먹다, **il gelato** 아이스크림, **capire** 이해하다, **meglio** 더 잘)

Io amerò il mio futuro marito.
나는 내 미래의 남편을 사랑할 것입니다.

Prenderai un gelato.
너는 아이스크림을 먹을 것이다.

Capirà meglio.
그는 더 잘 이해할 것입니다.

단순미래도 다른 시제와 마찬가지로 불규칙하게 변하는 동사가 존재합니다.
대표적인 불규칙동사에는 다음과 같은 것들이 있습니다.

	andare 가다	fare ~하다	venire 오다
io	andrò	farò	verrò
tu	andrai	farai	verrai
lui /lei /Lei	andrà	farà	verrà
noi	andremo	faremo	verremo
voi	andrete	farete	verrete
loro	andranno	faranno	verranno
	essere ~이다	avere 가지다	
io	sarò	avrò	
tu	sarai	avrai	
lui /lei /Lei	sarà	avrà	
noi	saremo	avremo	
voi	sarete	avrete	
loro	saranno	avranno	

229

Practical **Useful** and
Easy-To-Understand Lessons!

From **basic greetings** and **expressions** to grammar and **conversations!**

(**il mare** 바다, **questo** 이, **l'estate** 여름, **non** 아니다, **il compito** 숙제, **l'amica** 친구 (여성), **il sabato** 토요일, **felice** 행복한, **tanto** 많은, **i soldi** 돈)

Andrò al mare quest'estate.
나는 이번 여름에 바다에 갈 것입니다.

Non farò i compiti.
나는 숙제를 하지 않을 것입니다.

Una mia amica verrà questo sabato.
내 친구 한 명이 이번 토요일에 올 것입니다.

Noi saremo felici.
우리는 행복할 것입니다.

Lui avrà tanti soldi.
그는 많은 돈을 가질 것입니다.

 ## 18-3. 단순미래의 사용법!

1) 단순미래는 현재 시점에서 미래에 일어날 일을 표현합니다.

(**l'anno** 년, **prossimo** 다음의, **comprare** 사다, **nuovo** 새, **la casa** 집, **domani** 내일, **venire** 오다, **mio** 나의, **la sorella** 여자 형제)

L'anno prossimo comprerò una nuova casa.
내년에 나는 새 집 한 채를 살 것이다.

Domani verrà mia sorella.
내일 나의 언니/누나가 올 것이다.

2) 단, 가까운 미래의 일일 때 구어체에서는 직설법 현재형으로 대체 가능합니다.

(**domani** 내일, **partire** 떠나다, **piovere** 비가 오다)

Domani partirà Luigi.
내일 Luigi가 떠날 것입니다.

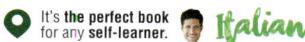

Domani parte Luigi.
내일 Luigi가 떠날 것입니다.

3) 단순미래는 불확실성이나 추측, 대략적인 수나 양의 표현을 할 수 있습니다.

(**questo** 이, **l'uomo** 남자, **non** 아니다, **avere** 가지다, **i soldi** 돈, **essere** ~이다, **fare** ~하다, **freddo** 추운)

Quest'uomo non avrà soldi.
이 남자는 돈이 없을 것입니다.

Farà freddo.
날씨가 추울 것입니다.

 ## 18-4. 이탈리아의 미래시제, 선립미래!

대과거가 과거에 일어난 사건들의 선후관계를 나타내기 위해 사용하는 시제라면,
'선립미래' (**futuro anteriore**)는 미래에 일어날 사건의 선후관계를 나타내기 위해
사용하는 미래형입니다. 만약 미래에 먼저 일어날 일을 **A**, 그 뒤에 일어날 일을 **B** 라고 하면
A 에는 선립미래형을 쓰고, **B** 에는 단순미래형을 써서 나타냅니다.
선립미래도 대과거와 마찬가지로 시간종속접속사 **quando** (~할 때)나 **appena** (~하자마자) 등
과 함께 쓰이며, 문장의 순서는 '**Quando/Appena A** (선립미래), **B** (단순미래).'이며,
'**A** 할 때/하자마자 **B** 할 것이다.'라는 의미로 쓰입니다.

선립미래는 근과거처럼 **avere** 또는 **essere** 동사의 단순미래형과 본동사의 과거분사형으로
표현합니다. 또한 **essere** 나 **avere** 를 조동사로 택하는 기준은 근과거의 경우와 같이
자동사인 경우는 **essere** 동사를, 타동사인 경우는 **avere** 동사를 조동사로 취합니다.
근과거와의 차이점은 근과거에서는 **essere** 또는 **avere** 동사가 직설법 현재형으로 변화했다면,
선립미래에서는 이 동사가 단순미래의 형태로 주어의 인칭에 따라 변한다는 것입니다.

essere 단순미래형 + 과거분사(자동사)
avere 단순미래형 + 과거분사(타동사)

Practical **Useful** and
Easy-To-Understand Lessons!

From **basic greetings** and **expressions** to **grammar** and **conversations!**

essere 를 조동사로 취한 과거분사는 주어의 성수에 따라 다음과 같이 일치를 시켜야 됩니다.

sarò	
sarai	+ ato/a, uto/a, ito/a
sarà	
saremo	
sarete	+ ati/e, uti/e, iti/e
saranno	

반면, **avere** 를 조동사로 택한 과거분사는 마지막 모음이 변하지 않습니다.

avrò	
avrai	
avrà	
avremo	+ ato, uto, ito
avrete	
avranno	

(**lo studente** 학생, **partire** 떠나다, **finire** 끝내다, **il lavoro** 일)

… lo studente sarà partito …
… 학생은 떠날 것입니다 …

… gli studenti saranno partiti …
… 학생들은 떠날 것입니다 …

… avrò finito il lavoro …
… 일을 끝낼 것입니다 …

… avranno finito il lavro …
… 그들은 일을 끝낼 것입니다 …

이상의 예문은 복문의 한 부분으로 선립미래만 따로 나열한 것입니다.
선립과거는 대과거와 마찬가지로 단문에서 쓰일 수 없습니다.
왜냐하면, 연속된 사건의 시차성을 구분 짓기 위해 사용되는 미래형이기 때문입니다.

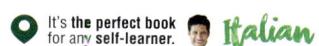

It's **the perfect book**
for any self-learner. *Italian*

 ## 18-5. 선립미래형의 사용법!

선립미래형은 대과거처럼 연속된 사건의 시차를 구별할 때 사용합니다.
단순미래와 함께 쓰이며 **appena** (지금 막), **quando** (~할 때), **dopo che** (~한 뒤에)와
같은 시간접속사와 함께 쓰입니다. 미래에 먼저 일어날 일에는 선립미래형을,
나중에 일어날 일에는 단순미래형을 씁니다. 미래에 두 가지 일이 연속해 일어날 때
먼저 일어날 일을 **A**, 그 뒤에 일어날 일을 **B** 라고 하면 문장 순서는 다음과 같습니다.

Appena/Quando/Dopo che A, B.

(**arrivare** 도착하다, **a** ~에, **la casa** 집, **ti** 너를, **chiamare** 전화하다/부르다)

Appena sarò arrivato a casa, ti chiamerò.
집에 도착하자마자, 너에게 전화할게.

Quando sarò arrivato a casa, ti chiamerò.
집에 도착하면, 너에게 전화할게.

Dopo che sarò arrivato a casa, ti chiamerò.
집에 도착한 뒤에, 너에게 전화할게.

그리고 단순미래형이 현재의 추측이나 불확실성을 나타낼 때 쓰였다면, 선립미래형은 과거의
추측이나 불확실성을 나타낼 때 쓰일 수 있습니다. 이 경우는 단문으로도 사용이 가능합니다.

(**tornare** 돌아오다, **a** ~에, **la casa** 집, **tardi** 늦게, **essere** ~이다, **dire** 말하다, **la verità** 진실,
dare 주다, **il regalo** 선물, **a** ~에게, **suo** 그/그녀의, **la moglie** 아내)

Sarà tornato a casa tardi.
집에 늦게 돌아왔을 것입니다.

Saranno state le 8.
8시 정도 되었을 것입니다.

Avrà detto la verità.
진실을 말했을 것입니다.

Avrà dato un regalo a sua moglie.
그의 아내에게 선물을 주었을 것입니다.

Multi Plus

Learn to understand and speak languages quickly and easily!

18+.
Lezione 18. Multi-Plus
이탈리아어로 친구 사귀기!

이탈리아어로 친구를 사귀는 궁극의 4단계를 준비했습니다.
여러분의 이탈리아어가 멋지게 펼쳐질 시간입니다.

It's the perfect book
for any self-learner

Italian

18-1+. 이탈리아어로 친구 사귀기 제1단계 : 인사하기!

이탈리아 사람들은 모르는 사람과도 눈이 마주치면 웃으며 인사를 건넬 정도로
사교성이 강합니다. 이탈리아 친구를 사귈 때는 언제나 적극적인 자세가 중요합니다.
지금 당장 먼저 인사를 건네보세요.

(**ciao** 안녕, **come** 어떻게, **stare** 지내다, **andare** 가다, **bene** 잘, **grazie** 고맙습니다,
chiamarsi 이름이 ~이다, **piacere** 반갑습니다, **di** ~해서, **conoscere** 알다, **ti** 너를)

Ciao! Come stai?
안녕! 어떻게 지내?

Come va?
어떻게 지내세요?

Bene, grazie.
잘 지내, 고마워.

Mi chiamo Clara.
내 이름은 Clara야.

Piacere (di conoscerti)!
(만나서) 반가워!

18-2+. 이탈리아어로 친구 사귀기 제2단계 : 신상 공유!

기본적인 신상을 공유하면 '급' 친해질 수 있습니다.
서로의 공통점을 발견한다면 더욱 친근하게 느끼게 되겠죠?

(**di dove** 어디에서, **essere** ~이다, **venire** 오다, **da** ~부터, **la Corea** 한국, **abitare** 거주하다, **a** ~에, **Londra** 런던, **come mai** 왜, **in** ~에, **l'Italia** 이탈리아, **essere in vacanza** 휴가 중이다, **lavorare** 일하다, **qui** 여기에)

Di dove sei?
어디 출신이니?

Vengo dalla Corea.
한국에서 왔어.

Dove abiti?
어디에 사니?

Abito a Londra.
런던에 살아.

Come mai sei in Italia?
이탈리아에 왜 왔니?

Sono in vacanza. / Lavoro qui.
휴가 중이야. / 여기서 일해.

18-3+. 이탈리아어로 친구 사귀기 제3단계 : 알아가기!

친구 사이에 기본적인 관심사를 공유할 수 있다는 것은 매우 중요합니다.
서로에 대해 좀 더 관심을 가지는 훌륭한 계기가 될 것입니다.

(**quando** 언제, **essere** ~이다, **tuo** 너의, **il compleanno** 생일, **gennaio** 1월, **quanto** 몇 개의, **anno** 년, **avere** 가지다, **che** 무엇, **il lavoro** 일, **fare** 하다)

Quando è il tuo compleanno?
네 생일이 언제니?

È il 17 gennaio.
1월 17일이야.

Quanti anni hai?
몇 살이니?

Ho 25 anni.
25살이야.

Che lavoro fai?
무슨 일 하니?

18-4+. 이탈리아어로 친구 사귀기 제4단계 : 우정 다지기!

새로운 친구가 정말 마음에 듭니다. 관계를 유지할 수 있는 시간이 필요합니다.

(**volere** 원하다, **invitare** 초대하다, **ti** 너를, **a** ~에, **la casa** 집, **mio** 나의, **qual** 어떤, **essere** ~이다, **tuo** 너의, **il numero** 번호, **di** ~의, **il telefono** 전화, **su** ~에, **il nome** 이름, **l'utente** 이용자)

Voglio invitarti a casa mia.
너를 우리 집에 초대하고 싶어.

Qual è il tuo numero di telefono?
전화번호가 어떻게 되니?

Sei su facebook?
너 페이스북 있니?

Qual è il tuo nome utente?
너의 아이디가 어떻게 되니?

19.
Lezione 19.
이탈리아어 조건법으로 가능성 또는 바램 표현하기!
Vorrei un gelato.
나는 아이스크림을 원합니다.

조건법은 이탈리아어를 좀 더 세련되고 우아하게 말할 수 있게 만드는 동사변화형입니다.
예의 바르게 부탁할 때나 자신의 의견이나 바램을 간접적으로 표현하고 싶을 때
사용할 수 있습니다.

Vorrei un gelato!

It's the perfect book for any self-learner.

Practical, **Useful** and **Easy-To-Understand** Lessons!

From **basic greetings** and **expressions** to **grammar** and **conversations**

The best and quickest way to communicate in a new language!
Learn to understand and speak Languages quickly and easily!

 ## 19-1. 이탈리아의 교육제도!

이탈리아는 대부분 공립학교로 대학교까지도 지방정부에서 학비를 부담합니다.
초등학교는 만 6세에서 10세까지의 5년제이며, 중학교는 만 11세에서 13세까지 3년을,
고등학교는 만 14세에서 18세까지 5년을 다니게 됩니다.
고등학교 2학년까지는 의무교육입니다. 대학교는 학과에 따라 3년에서 5년까지 다양한
학제입니다. 학기는 우리와 달리 9월에 시작해 6월에 끝나며, 새 학년이 시작될 때까지 3개월의
긴 방학이 있습니다. 고등학교는 인문, 과학, 예술, 외국어, 음악, 무용, 기술, 직업전문 고등학교
등 진로의 방향에 따라 다양하게 선택할 수 있습니다. 고등학교 졸업시험 (**Maturità**)을
응시해서, 합격자는 대학에 쉽게 진학할 수 있습니다. 하지만 대학교를 졸업하는 것이 어려워서
이탈리아 전체 인구의 약 13%만이 대학졸업자일 정도로 대학 졸업율은 매우 낮습니다.
대학에서 학과를 바꾸는 것도 비교적 자유로워 학생들이 전공을 여러 번 바꾸는 편이며,
따라서 졸업까지는 오랜 시간이 소요됩니다.

 ## 19-2. 이탈리아어 조건법!

조건법은 현재 또는 과거의 바램이나 가능성, 추측을 나타낼 때 사용하거나,
또는 예의 바르게 요청하고자 할 때 사용할 수 있습니다.
보통은 '~하고 싶다' 또는 '~일 것이다'로 해석하고, 때에 따라서는 예의 바르게
'~해주실 수 있습니까?' 처럼 해석할 수 있습니다. 해석은 문맥과 상황에 따라 달라집니다.
조건법은 현재형으로 만드는 방법과, 조동사 **avere** 와 **essere** 를 가지고 만드는 과거형
두 가지가 있습니다.
조건법 현재의 형태는 **-are / -ere / -ire** 형에 따라 다음과 같이 인칭별로 변화합니다.

	am-are 사랑하다	**prend-ere** 가지다	**cap-ire** 이해하다
io	am-erei	prend-erei	cap-irei
tu	am-eresti	prend-eresti	cap-iresti
lui/lei/Lei	am-erebbe	prend-erebbe	cap-irebbe
noi	am-eremmo	prend-eremmo	cap-iremmo
voi	am-ereste	prend-ereste	cap-ireste
loro	am-erebbero	prend-erebbero	cap-irebbero

Practical, **Useful** and **Easy-To-Understand** Lessons!

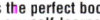 It's **the perfect book** for any self-learner.  *Italian*

(**Io** 그를, **amare** 사랑하다, **volentieri** 기꺼이, **prendere** 마시다, **il caffè** 커피, **capire**이해하다, **meglio** 더 잘)

Lo amerei volentieri.

기꺼이 그를 사랑하고 싶습니다. (바램)

Prenderei un caffè.

커피를 마시고 싶습니다. (바램)

Capirebbe meglio.

더 잘 이해할 것입니다. (추측)

'~을 원하다'라는 조동사 **volere** 없이도 조건법을 사용해 바램을 나타낼 수 있습니다. 그리고 **forse** (만약에)라는 부사 없이 추측을 나타내는 문장 또한 조건법을 사용해 나타낼 수 있습니다. 다시 말해 조건법 동사변화형에는 '~을 원하다/~일 것이다'라는 바램이나 추측의 의미가 내포되어 있다는 것입니다.

조건법 동사 변화형도 마찬가지로 불규칙이 존재합니다.
대표적 불규칙 동사에는 다음과 같은 것이 있습니다.

	essere ~이다	avere 가지다
io	sarei	avrei
tu	saresti	avresti
lui/lei/Lei	sarebbe	avrebbe
noi	saremmo	avremmo
voi	sareste	avreste
loro	sarebbero	avrebbero

(**la vittima** 희생자, **inglese** 영국인의, **tanto** 많은, **il figlio** 아들/자식)

La vittima sarebbe inglese.

희생자는 영국인일 것입니다.

Avrebbero tanti figli.

그들은 많은 자식들을 갖고 있을 것입니다.

 ## 19-3. 조건법의 사용법!

1) 조건법으로 현재의 바램이나 기원을 표현할 수 있습니다.

(**volere** 원하다, **il gelato** 아이스크림, **desiderare** 원하다, **nuovo** 새로운, **la macchina** 자동차)

Vorrei un gelato.

나는 아이스크림을 원합니다. (먹고 싶습니다.)

Desidererei una macchina nuova.

새로운 자동차를 원합니다.

2) 조건법으로 사실 여부를 확신할 수 없지만 상당한 가능성이 있음을 표현합니다.

(**il capo** 사장, **essere** ~이다, **malato** 병든, **avere** 가지다, **tanto** 많은, **il problema** 문제)

Il capo sarebbe malato.

사장님이 병에 걸린 것 같습니다.

Luca avrebbe tanti problemi.

Luca는 많은 문제를 가지고 있는 것 같습니다.

3) **potere** (~할 수 있다) 또는 **dovere** (~해야만 한다)의 조건법을 사용하여 각각 '가능성'과 '조언'을 표현할 수 있습니다.

Practical, Useful and Easy-To-Understand Lessons!

(**volere** 원하다, **sposare** 결혼하다, **suo** 그/그녀의, **il ragazzo** 소년, **studiare** 공부하다, **di più** 더)

Cristina potrebbe voler sposare il suo ragazzo.

Cristina는 그의 남자 친구와의 결혼을 원하고 있을 수 있습니다.

Tu dovresti studiare di più.

너는 공부를 더 해야만 한다.

이탈리아에서는 애인 사이를 지칭할 때 '남자 친구'는 **il** + 소유격형용사 + **ragazzo**, '여자 친구'는 **la** + 소유격형용사 + **ragazza** 로 표현합니다.
예를 들어 '내 남자 친구'는 **il mio ragazzo**, '내 여자 친구'는 **la mia ragazza** 로 표현할 수 있습니다.

4) 조건법으로 예의 바르게 요청할 수 있습니다.

구어체에서 상당히 많이 쓰는 표현입니다. 특히 예의 바르게 요청할 때 조건법을 사용합니다.
같은 표현이라도 가급적 조건법으로 요청하는 것이 훨씬 교양 있게 보입니다.

(**mi** 나를/나에게, **aiutare** 돕다, **per favore** 부탁합니다, **passare** 전달하다, **il sale** 소금)

Mi aiuteresti, per favore?

나를 좀 도와줄 수 있겠니?

2인칭 단수 동사 변화형으로 '너'에게 하는 예의 바른 부탁형 문장입니다.

Mi passerebbe il sale?

저에게 소금을 전해주시겠습니까?

The best and quickest way to communicate in a new language!

The best and quickest way to communicate in a new language!
Learn to understand and speak Languages quickly and easily!

 ## 19-4. 이탈리아어 조건법의 과거형 만드는 방법!

조건법 과거형은 근과거처럼 **avere** 또는 **essere** 동사의 조건법 현재형과 과거분사형으로 만듭니다.
essere 나 **avere** 를 조동사로 택하는 기준은 근과거처럼 자동사인 경우는 **essere** 동사를, 타동사인 경우는 **avere** 동사를 조동사로 취합니다.
단, 근과거에서는 **essere** 와 **avere** 동사가 직설법 현재형으로 변화했다면, 조건법 과거형에서는 조건법 현재형으로 주어의 인칭에 따라 변한다는 것입니다.

essere 조건법 현재 + 과거분사(자동사)
avere 조건법 현재 + 과거분사(타동사)

essere 를 조동사로 택한 과거분사는 주어의 성과 수에 따라 다음과 같이 일치시킵니다.

sarei
saresti   + ato/a, uto/a, ito/a
sarebbe

saremmo
sareste   + ati/e, uti/e, iti/e
sarebbero

반면, **avere** 를 조동사로 택한 과거분사는 마지막 모음이 변하지 않습니다.

averi
avresti
avrebbe   + ato, uto, ito
avremmo
avreste
avrebbero

(**volere** 원하다, **quel** 그, **il libro** 책, **stare** ~있다, **a** ~에, **leggere** 읽다, **il giornale** 신문, **il bambino** 아이, **essere** ~이다, **felice** 행복한)

Luigi avrebbe voluto quel libro.
Luigi는 그 책을 원했을 것입니다.

Practical, Useful and Easy-To-Understand Lessons!

Eva sarebbe stata a Roma.
Eva는 로마에 있었을 것입니다.

Lei avrebbe letto il giornale.
그녀는 신문을 읽었을 것입니다.

I bambini sarebbero stati felici.
아이들은 행복했을 것입니다.

 # 19-5. 조건법 과거형의 사용법!

1) 조건법 과거형은 과거의 바램을 나타낼 때 사용합니다!

조건법 과거형으로 바램을 나타내면 '실현되지 못했거나 실현 가능성이 없다'는 의미를 내포하고 있습니다.

(**volere** 원하다, **diventare** ~이 되다, **il medico** 의사, **comprare** 사다, **la camicia** 셔츠)

Avrei voluto diventare medico.
나는 의사가 되고 싶었습니다.

Avrebbe voluto comprare una camicia.
그는 셔츠를 하나 사고 싶어했습니다.

2) 조건법 과거형은 과거의 사건에 관한 가능성을 표현할 때 사용합니다!

조건법 과거형도 현재형과 마찬가지로 100% 확신할 수는 없지만 상당한 가능성이 있을 때에 사용합니다.

(**il capo** 사장, **essere** ~이다, **malato** 병든, **avere** 가지다, **tanto** 많은, **il problema** 문제)

Il capo sarebbe stato malato.
사장님이 병에 걸리셨을 것입니다.

Luca avrebbe avuto tanti problemi.
Luca는 많은 문제를 가지고 있었을 것입니다.

multi plus

Learn to understand and speak Languages quickly and easily!

19+.
Lezione 19+ Multi Plus
이탈리아어로 사랑 만들기!

사랑 만들기 성공을 위한 진격의 4단계를 준비했습니다!

It's the perfect book for Any self-learner.

19-1+. 이탈리아어로 사랑 만들기 제1단계 : 말 걸기!

시작은 날씨 이야기입니다.
여성 분이라면 자연스럽게 길을 묻거나, 말을 거는 방법도 좋겠습니다.

(come 어떻게, stare 지내다, oggi 오늘, essere ~이다, bello 좋은, il tempo 날씨, che 무엇,
fare 하다, qui 여기에서, aspettare 기다리다, qualcuno 누군가를, come 어떻게,
si 비인칭 3인칭단수 재귀대명사, dire 말하다, in ~로, l'italiano 이탈리아어)

Ciao! Come stai?
안녕! 어떻게 지내?

Oggi è bel tempo.
아름다운 날씨야.

Che fai qui?
여기서 뭐 하니?

Aspetti qualcuno?
누구를 기다리니?

Come si dice 'hello' in italiano?
'헬로'를 이탈리아어로 어떻게 말해?

19-2+. 이탈리아어로 사랑 만들기 제2단계 : 호구 조사!

여러분이 알고 싶은 것이 있다면 먼저 말하세요.
상대는 자연스럽게 대답으로 응대해 줄 것입니다.

(chiamarsi 이름이 ~이다, e 그리고, venire 오다, da ~부터, l'Inghilterra 영국,
di dove 어디에서, essere ~이다, coreano 한국사람의, lo studente 학생, lavorare 일하다,
qual 어떤 것, tuo 너의, il hobby 취미)

Mi chiamo Carlo. E tu?
나는 Carlo야. 너는?

Vengo dall'Inghilterra.
나는 영국에서 왔어.

Di dove sei?
너는 어디 출신이니?

Sei coreana?
한국인이니?

Sei studente o lavori?
학생이니 아니면 일을 하니?

Qual è il tuo hobby?
너의 취미가 뭐니?

19-3+. 이탈리아어로 사랑만들기 제3단계 : 진도 나가기!

잘하고 계십니다! 이제 조금 더 달달한 시간을 만들어 볼까요!

(**avere** 가지다, **il ragazzo** 소년, **la ragazza** 소녀, **essere** ~이다, **libero** 한가한, **stasera** 오늘 저녁, **volere** 원하다, **cenare** 저녁을 먹다, **con** ~함께, **me** 나 (간접목적대명사 약세형), **un giorno** 언젠가, **andare** 가다, **insieme** 함께, **a** ~하러, **vedere** 보다, **il film** 영화)

Hai il ragazzo / la ragazza?
남자/여자 친구 있니?

Sei libero/a stasera?
오늘 저녁에 한가하니?

상대방이 남성이면 **libero**, 여성이면 **libera** 를 씁니다.

Vuoi cenare con me un giorno?
나랑 언제 같이 저녁 식사할래?

Andiamo insieme a vedere un film?
나랑 영화 보러 갈래?

19-4+. 이탈리아어로 사랑 만들기 제4단계 : 기약하기!

잘하셨습니다! 이제 드디어 여러분의 사랑이 '완결모드'로 진입합니다!

(**mi** 나에게, **piacere** ~에게 ~이 맘에 들다, **passare** 보내다, **il tempo** 시간, **con** ~함께, **te** 너, **chiamare** 전화하다, **mi** 나를, **ti** 너를, **quando** 언제, **potere** ~할 수 있다, **vedere** 보다, **ancora** 다시)

Mi piaci.
네가 맘에 들어.

Mi piace passare tempo con te.
너와 함께 보내는 시간이 즐거워.

Chiamami!
나에게 전화해!

Ti chiamo.
내가 전화할게.

Quando posso vederti ancora?
언제 너를 다시 볼 수 있을까?

Practical, **Useful** and
Easy-To-Understand Lessons!

The best and quickest way
to communicate in a new language!
Learn to understand and speak Languages quickly and easily

Penso che lui sia felice.

It's the perfect book for any self-learner.

20.
Lezione 20.
이탈리아어의 접속법을 만나다!
Penso che lui sia felice.

나는 그가 행복하다고 생각합니다.

접속법 동사변화형은 이탈리아어의 특별한 동사형입니다.
일반적으로 사실 여부를 확인할 수 없는 종속절 문장에 주로 쓰입니다.

It's the perfect book
for any self-learner. italian

basic greetings and expressions to grammar and conversations!

 ## 20-1. 패션의 나라 이탈리아!

이탈리아는 자타공인 패션 강국입니다.
세계적인 브랜드 **Ferragamo** (페라가모), **Prada** (프라다), **Armani** (아르마니), **Gucci** (구찌) 등 쟁쟁한 명품들의 고향이며, 밀라노에서 해마다 열리는 **Milano collection** (밀라노 컬렉션)은 세계 패션의 핵심입니다. 이탈리아가 패션 강국으로 자리매김한 것은 특유의 장인정신뿐만 아니라 이탈리아인의 남다른 패션 감각도 한몫을 차지합니다. 이탈리아에서는 남성들도 패션에 엄청나게 신경씁니다. 특히 북부 이탈리아 사람들의 스타일리시함이 뚜렷합니다. 이탈리아 패션 산업이 유명하게 된 또 다른 이유는 '할리우드 감독들의 이탈리아 사랑' 때문입니다. 이탈리아의 화창한 날씨와 아름다운 문화유산 그리고 미국보다 경제적인 영화 제작 환경 때문에 수많은 할리우드 감독들이 로마의 휴일 등과 같은 영화를 이탈리아에서 제작하였고, 덕분에 당대 최고의 아이콘이었던 할리우드 배우들을 통해 이탈리아의 패션이 전 세계적 유행이 될 수 있었던 것입니다.

 ## 20-2. 이탈리아어 접속법!

이탈리아어의 '접속법' (**congiuntivo**)은 종속절에 쓰이는 동사형을 말합니다.
종속절은 접속사로 주절에 연결되며, 종속절의 의미가 사실이 아닐 때 접속법을 사용합니다.

예를 들어 '내 생각에는 ~인 것 같다' 처럼 종속절에 의견이나 추측이 들어가는 문장일 경우에는 직설법이 아닌 접속법 동사변화형을 반드시 사용해야 합니다.
다시 말해 접속법은 '사실 여부'를 알 수 없는 문장에,
직설법은 '사실 여부'를 알 수 있는 문장에 사용합니다.

주로 접속사 **che** (영어의 **that**)로 연결되는 종속절에 접속법이 등장합니다.

접속법은 현재형과 과거형이 있으며, 현재형은 **-are / -ere / -ire** 형에 따라 다음과 같이 변화합니다.

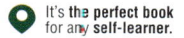 

Penso che lui sia felice.

It's the perfect book for any self-learner.

	am-are 사랑하다	prend-ere 가지다/먹다	cap-ire 이해하다	sent-ire 듣다/느끼다
io	am-i	prend-a	cap-isca	sent-a
tu	am-i	prend-a	cap-isca	sent-a
lui/lei/Lei	am-i	prend-a	cap-isca	sent-a
noi	am-iamo	prend-iamo	cap-iamo	sent-iamo
voi	am-iate	prend-iate	cap-iate	sent-iate
loro	am-ino	prend-iano	cap-iscano	sent-ano

(**pensare** 생각하다, **che** ~라고, **amare** 사랑하다, **prendere** 마시다, **il caffè** 커피, **capire** 이해하다, **meglio** 더 잘, **sentirsi** 지내다, **bene** 잘, **qui** 여기)

다음의 문장들은 자신의 감정, 추측 사실 여부를 과학적으로 확인 불가능하기 때문에 접속법을 사용하고 있는 예입니다.

Penso che lui ami Anna.
나는 그가 Anna를 사랑한다고 생각합니다.

Penso che lei prenda un caffè.
나는 그녀가 커피를 마실 거라고 생각합니다.

Penso che capiscano meglio.
나는 그들이 더 잘 이해할 것이라고 생각합니다.

Penso che si sentano bene qui.
나는 그들이 여기서 잘 지낸다고 생각합니다.

접속법도 불규칙형이 존재하는데 대표적인 불규칙 동사는 다음과 같습니다.

The best and quickest way
to communicate in a new language
Learn to understand and speak Languages quickly and easily!

essere ~이다	avere 가지다	andare 가다	dare 주다
sia	abbia	vada	dia
sia	abbia	vada	dia
sia	abbia	vada	dia
siamo	abbiamo	andiamo	diamo
siate	abbiate	andiate	diate
siano	abbiano	vadano	diano

(**pensare** 생각하다, **che** ~라고, **felice** 행복한, **il problema** 문제, **la scuola** 학교,
mi 나에게, **il regalo** 선물)

Penso che lui sia felice.
나는 그가 행복하다고 생각합니다.

Penso che abbiamo un problema.
나는 우리가 문제를 가지고 있다고 생각합니다.

Penso che lei vada a scuola.
나는 그녀가 학교에 간다고 생각합니다.

Penso che mi dia un regalo.
나는 그가 나에게 선물을 준다고 생각합니다.

 20-3. 접속법의 사용법!

1) 주절에서 유감을 나타내는 표현이 올 때

주절에 '**dispiacere** + 간접목적격대명사' (~에게 유감스럽다)가 오면,
종속절은 사실이 아닌 개인적 감정이 표현됩니다.

Penso che lui sia felice.

It's the perfect book for any self-learner.

'~에게 **che** 절 이하가 유감스럽다' 이럴 경우에 접속법을 사용합니다.
piacere (~에게 ~이 좋다), **sembrare** (~에게 ~처럼 보인다) 등도 같은 유형으로 접속법을
사용합니다.

(**venire** 오다, **domani** 내일)

Mi dispiace che lui non venga domani.

그가 내일 오지 못해 유감스럽습니다.

2) 개인의 의견을 나타낼 때

주절에 '내 생각에는 ~', '내가 추측하건데 ~' 처럼 개인적인 의견이나 추측이 들어가는 경우,
종속절에 접속법을 사용합니다.

(**pensare** 생각하다, **arrivare** 도착하다, **domani** 내일, **supporre** 추측하다, **essere** ~이다,
triste 슬픈)

Penso che lui arrivi domani.

나는 그가 내일 도착한다고 생각합니다.

Suppongo che lei sia triste.

나는 그녀가 슬프다고 추측합니다.

3) 희망이나 바램을 나타낼 때

주절에 '~하길 원한다'처럼 개인적인 바램이 나오면 종속절에 접속법을 사용합니다.

(**sperare** 희망하다, **venire** 오다, **domani** 내일, **volere** 원하다, **piovere** 비가 오다,
stasera 오늘 저녁)

Spero che lei venga domani.

나는 그녀가 내일 오기를 희망합니다.

Voglio che piova stasera.

나는 오늘 저녁에 비가 오기를 희망합니다.

4) 의심이나 불확실성을 나타낼 때

'~이 두렵다', '~이 의심스럽다' 처럼 의심이나 불확실한 의견을 나타낼 때 접속법을 사용합니다.

(**temere** 두렵다, **fare** ~하다, **troppo** 너무, **freddo** 추운, **fuori** 밖에, **dubitare** 의심하다,
nevicare 눈이 오다, **domani** 내일)

Temo che faccia troppo freddo fuori.

밖이 너무 추울까 봐 두렵습니다.

Dubito che nevichi domani.

내일 눈이 올지 의심스럽습니다.

5) 주어가 주절에 없는 경우

주절에 주어가 없는 일반적인 사람이나 불특정 다수를 지칭하는 문장일 경우 종속절에 접속법을 사용합니다.
주절에 나올 수 있는 다음의 표현들은 동사를 3인칭 단수형이나 복수형으로 쓰고 주어를 생략하고 있습니다.

è meglio che ~ (~하는 것이 더 낫다)   **è bene che ~** (~하는 것이 좋다)
è possibile che ~ (~할 가능성이 있다)   **è impossibile che ~** (~하는 것이 불가능하다)
bisogna che ~ (~하는 것이 필요하다)   **sembra che ~** (~처럼 보인다)
pare che ~ (~처럼 보인다)   **dicono che ~** (~라고 말한다)
si dice che ~ (~라고 말한다)

Practical, Useful and
Easy-To-Understand Lessons!

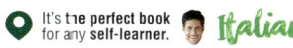

Penso che lui sia felice.

It's the perfect book for any self-learner.

(il bambino 아이), **andare a letto** 잠자러 가다, **presto** 일찍, **partire** 출발하다, **domani** 내일,
stare 상태가~이다, **molto** 매우, **bene** 잘, **essere** ~이다, **stupido** 멍청한)

È meglio che i bambini vadano a letto presto.
아이들은 일찍 잠자리에 드는 것이 더 낫습니다.

È possibile che Marco parta domani.
Marco는 내일 출발할 가능성이 있습니다.

Sembra che lui non stia molto bene.
그가 아주 좋지 않아 보입니다.

Dicono che lui sia stupido.
사람들은 그가 멍청하다고 말합니다.

6) 주절이 종속절에 조건을 부여할 때

주절의 표현이 종속절에 어떠한 조건을 부여할 경우 종속절에 접속법을 사용합니다.
예를 들어 '우리/나는 ~한 조건의 ~을 원한다/찾는다.'의 형태로 표현됩니다.

(**cercare** 찾다, **la segretaria** 여비서, **parlare** 말하다, **il tedesco** 독일어, **l'abito** 옷,
essere ~이다, **bianco** 흰, **volere** 원하다, **la gonna** 치마, **di** ~의 재질로 된, **la lana** 양모)

Cerchiamo una segretaria che parli il tedesco.
우리는 독일어를 할 줄 아는 비서를 찾습니다.

Cerco un abito che sia bianco.
나는 흰색의 옷을 찾습니다.

Voglio una gonna che sia di lana.
나는 양모로 된 치마를 원합니다.

Multi plus

Learn to understand and speak Languages quickly!

20+.
Lezione 20+ Multi Plus
이탈리아 입국심사 회화 총정리!

자, 드디어 이탈리아 입성! 이제 여러분의 이탈리아를 만나고 만들어 보십시오~!
이탈리아는 여러분을 오랫동안 기다려왔습니다.

It's the perfect book
for any self-learner.   *Italian*

20-1+. 이탈리아어 공항 관련 단어 top 10

이탈리아 공항에 들어서면 곧장 마주칠 공항 (**l'aeroporto**) 관련 단어 **top 10** 을 소개합니다.
(공항의 안내 표지판에서 볼 수 있는 단어들은 대문자로 표시했습니다.)

l'aereo 비행기
il passaporto 여권
l'assistante di volo 승무원
Check-in internazionali 국제선 체크인
Biglietterie 티켓 오피스

Imbarchi 게이트
Ritiro bagagli 수하물 찾는 곳
Collegamenti aerei 항공 연결편
Dogana 세관
Controllo passaporti 출입국 관리

20-2+. 이탈리아 공항 수속 밟기!

항공사 카운터에서 탑승 수속 직전에 필요한 표현들을 정리했습니다.

(**qual** 어떤, **essere** ~이다, **suo** 당신의, **la destinazione** 목적지, **il passaporto** 여권,
e 그리고, **il biglietto** 티켓, **per favore** 부탁합니다, **quanto** 몇 개의, **bagaglio** 짐,
avere 가지다, **per** ~위한, **il check- in** 체크인, **qualche** 몇 개의, **a mano** 손으로)

Qual è la sua destinazione?
목적지가 어디입니까?

Il suo passaporto e il biglietto, per favore.
여권과 티켓을 주십시오.

Quanti bagagli ha per il check-in?
부치실 짐이 몇 개입니까?

Ha qualche bagaglio a mano?
기내용 손가방을 가지고 계십니까?

259

MULTI*PLUS

20-3+. 이탈리아 입국심사!

누구도 피해갈 수 없는 여행회화가 바로 입국심사입니다.
이탈리아 사람과 나누는 최초의 공식적인 대화인 셈이죠.
이탈리아는 비자 면제 협정에 따라 무비자 90일 체류가 가능합니다.
귀국용 항공권을 여권과 함께 제시하면 입국심사는 한결 간단해집니다.

(**potere** ~할 수 있다, **vedere** 보다, **suo** 당신의, **il passaporto** 여권, **ecco** 여기, **lo** 그것을,
qui 여기에, **qual** 어떤, **essere** ~이다, **lo scopo** 목적, **di** ~의, **questo** 이, **il viaggio** 여행,
il turismo 관광, **il lavoro** 일, **quanto** 얼마나, **il tempo** 시간, **fermarsi** 머물다, **a** ~에,
la settimana 주, **dove** 어디에, **alloggiare** 거주하다)

Posso vedere il suo passaporto?
당신의 여권을 볼 수 있습니까?

Eccolo qui.
여기 있습니다.

Qual è lo scopo di questo viaggio?
당신의 방문 목적은 무엇입니까?

Turismo.
관광입니다.

Lavoro.
비즈니스입니다.

Quanto tempo si ferma a Roma?
Roma에 얼마 동안 머물 것입니까?

2 settimane.
2주요.

Dove alloggia?
어디서 머뭅니까?

20-4+. 이탈리아 공항 세관원과의 대화!

세관원과의 대화, 인상이 중요합니다. 반드시 웃는 얼굴로 시작하세요!

(**avere** 가지다, **qualcosa** 어떤 것, **cosa** 물건, **da** ~할, **dichiarare** 신고하다,
nulla 아무것도 아니다, **potere** ~할 수 있다, **aprire** 열다, **il bagaglio** 짐가방,
cosa 무엇, **essere** ~이다, **il regalo** 선물, **per** ~위한, **mio** 나의, **l'amico** 친구)

Ha qualcosa da dichiarare?
신고하실 것이 있습니까?

No, nulla.
아니오, 아무것도 없습니다.

Può aprire il bagaglio?
가방 좀 열어주시겠습니까?

Cosa sono?
이것들은 무엇입니까?

Sono i regali per i miei amici.
제 친구들을 위한 선물입니다.

자, 드디어 이탈리아 입성! 이제 여러분의 이탈리아를 만나고 만들어 보십시오~!
이탈리아는 여러분을 오랫동안 기다려 왔습니다.

Practical, **Useful** and
Easy-To-Understand Lessons!

261

생활회화, 여행회화 능력
강화를 위한 해결책 (부록)

청취력, 회화능력 강화를 위해
MP3용 스크립트를 준비했습니다.

본문에 소개된 문장을 선별하여 정리하였으며,
학습자 편의와 손쉽고 빠른 검색을 위해
모든 문장은 일련번호로 정리했습니다.

01.
Lezione 01.
우리에게 친숙하고 쉬운 이탈리아어 알파벳! (모음)
Alfabeto (1)
[알파베또] 알파벳 (1)

01-01	**espresso** 에스프레소	01-02	**cappuccino** 카푸치노
01-03	**caffè** 카페	01-04	**latte** 라테
01-05	**pizza** 피자	01-06	**pasta** 파스타
01-07	**spaghetti** 스파게티	01-08	**forte** 포르테

01-09 **Alfabeto**

A a   B b   C c

D d   E e   F f

G g   H h   I i

L l   M m   N n

O o   P p   Q q

R r   S s   T t

U u   V v   Z z

J j   K k   W w

X x   Y y

01-10	**casa** 집	01-11	**fiori** 꽃
01-12	**buco** 구멍		
01-13	**lei** 그녀	01-14	**sera** 저녁
01-15	**donna** 여성	01-16	**bagno** 화장실
01-17	**figlia** 딸	01-18	**figlie** 딸들
01-19	**figlio** 아들	01-20	**tranquillo** 평온한
01-21	**scuola** 학교	01-22	**automobile** 자동차
01-23	**Europa** 유럽	01-24	**guardaroba** 옷장
01-25	**miei** 나의 것들	01-26	**guai** 역경
01-27	**suoi** 그의 것들	01-28	**aiuola** 화단
01-29	**allegro** 기쁜	01-30	**piano** 평평한/천천히
01-31	**sabato** 토요일	01-32	**tavola** 테이블
01-33	**università** 대학	01-34	**caffè** 커피
01-35	**più** 더	01-36	**ciò** 그것/저것/이것

01+.
Lezione 01. Multi+Plus
이탈리아를 아시나요**?**

02.
Lezione 02.
우리에게 친숙하고 쉬운 이탈리아어 알파벳! (자음)
Alfabeto (2)
알파벳 (2)

Practical, Useful and Easy-To-Understand Lessons!

| 02-27 | **già** 이미 | 02-28 | **giornale** 신문 | 02-53 | **Xi'an** 서안 | 02-54 | **yogurt** 요구르트 |

| 02-29 | **giù** 아래에 |

| 02-30 | **figlia** 딸 | 02-31 | **figlio** 아들 |

The quickest way for slow learners!

02+.
Lezione 02. Multi+Plus
인사표현으로 완성하는 이탈리아어 발음법!

| 02-32 | **figlie** 딸들 | 02-33 | **gnocchi** 뇨키 |

| 02-34 | **gabbiano** 갈매기 | 02-35 | **gorilla** 고릴라 |

| 02-36 | **sabato** 토요일 | 02-37 | **scuola** 학교 |

| 02-38 | **gas** 가스 |

| 02-39 | **sveglia** 자명종 |

| 02-40 | **casa** 집 |

02+01 **Buon giorno!**
안녕하세요! (아침 인사)

02+02 **Buon pomeriggio!**
안녕하세요! (오후 인사)

02+03 **Buona sera!**
안녕하세요! (저녁 인사)

02+04 **Buona notte!**
좋은 밤 되세요! (밤 인사)

02+05 **Buon appetito!**
맛있게 드세요! (맛있게 먹겠습니다!)

| 02-41 | **scegliere** 선택하다 | 02-42 | **sciare** 스키 타다 |

| 02-43 | **sciopero** 파업 | 02-44 | **sciupare** 망치다 |

| 02-45 | **scatola** 상자 | 02-46 | **scodella** 수프 접시 |

| 02-47 | **scuola** 학교 |

| 02-48 | **immigrante** 이민자 | 02-49 | **concetto** 개념 |

| 02-50 | **pizza** 피자 |

| 02-51 | **Juventus** 유벤투스 | 02-52 | **Kazan** 카잔 |

02+06 **Buon lavoro!**
일 잘해!

02+07 **Buon viaggio!**
여행 잘해!

02+08 **Buona serata!**
좋은 저녁시간 보내!

02+09 **Buon fine settimana!**
좋은 주말 보내!

02+10 **Salute!**
건강하세요!

02+11 **Forza!**
파이팅!

02+12	**Scusi.** 실례합니다.		
02+13	**Ciao!** 안녕!		
02+14	**Arrivederci.** 안녕히 계세요. / 안녕히 가세요.		

03.
Lezione 03.
진짜 초보 학습자를 위한 특별한 이탈리아어 오리엔테이션!
italiano
이탈리아어

03-01	**Questa è una mela.** 이것은 하나의 사과입니다.
03-02	**Io imparo l'italiano.** 나는 이탈리아어를 배웁니다.
03-03	**L'uomo dà loro una palla.** 그 남자는 그들에게 공 하나를 줍니다.
03-04	**Lei è una bella donna.** 그녀는 아름다운 여자입니다.
03-05	**Lei non è una bella donna?** 그녀는 아름다운 여자가 아닙니까?

03+.
Lezione 03. Multi+Plus
이탈리아어 여행 준비 **0**순위는 '숫자읽기'다!

03+01	**0 zero**	03+02	**1 uno**
03+03	**2 due**	03+04	**3 tre**
03+05	**4 quattro**	03+06	**5 cinque**
03+07	**6 sei**	03+08	**7 sette**
03+09	**8 otto**	03+10	**9 nove**
03+11	**10 dieci**	03+12	**11 undici**
03+13	**12 dodici**	03+14	**13 tredici**
03+15	**14 quattordici**	03+16	**15 quindici**
03+17	**16 sedici**		
03+18	**17 diciassette**	03+19	**18 diciotto**
03+20	**19 diciannove**		
03+21	**20 venti**	03+22	**21 ventuno**
03+23	**22 ventidue**	03+24	**23 ventitré**
03+25	**24 ventiquattro**		
03+26	**25 venticinque**	03+27	**26 ventisei**
03+28	**27 ventisette**	03+29	**28 ventotto**
03+30	**29 ventinove**	03+31	**30 trenta**
03+32	**40 quaranta**		
03+33	**50 cinquanta**		
03+34	**60 sessanta**	03+35	**70 settanta**
03+36	**80 ottanta**	03+37	**90 novanta**
03+38	**100 cento**		
03+39	**110 centodieci**		

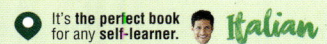
03+40	**124 centoventiquattro**
03+41	**192 centonovantadue**
03+42	**200 duecento**
03+43	**300 trecento**
03+44	**400 quattrocento**
03+45	**500 cinquecento**
03+46	**600 seicento**
03+47	**700 settecento**
03+48	**800 ottocento**
03+49	**900 novecento**
03+50	**1000 mile**
03+51	**1110 milecentodieci**
03+52	**2000 duemila**
03+53	**3000 tremila**
03+54	**10.000 diecimila**
03+55	**100.000 centomila**
03+56	**1000.000 un milione**
03+57	**2000.000 duemilioni**
03+58	**1.000.000.000 un miliardo**

The quickest way for slow learners!

04.
Lezione 04.
이탈리아어 명사는 남성, 여성이 있다!
amico, amica
남자 친구, 여자 친구

04-01	**casa** 집	04-02	**case** 집들
04-03	**libro** 책	04-04	**libri** 책들
04-05	**fratello** 형/오빠/동생	04-06	**attore** 배우
04-07	**ragazzo** 소년	04-08	**padre** 아버지
04-09	**amico** (남자) 친구	04-10	**fiore** 꽃
04-11	**sorella** 언니/누나/동생	04-12	**attrice** 여배우
04-13	**ragazza** 소녀	04-14	**madre** 엄마
04-15	**amica** (여자) 친구	04-16	**chiave** 열쇠
04-17	**bar** 바/커피숍	04-18	**e-mail** 이메일
04-19	**sport** 스포츠	04-20	**computer** 컴퓨터
04-21	**problema** 문제	04-22	**tema** 주제/테마
04-23	**moto** 오토바이	04-24	**foto** 사진

04-25	**crisi** 위기	04-26	**analisi** 분석	
04-27	**fratelli** 형/오빠/동생들	04-28	**attori** 배우들	
04-29	**ragazzi** 소년들	04-30	**studenti** 학생들	
04-31	**sorelle** 언니/누나/동생들	04-32	**chiavi** 열쇠들	
04-33	**ragazze** 소녀들	04-34	**attrici** 여배우들	

04+.
Lezione 04. Multi+Plus
이탈리아어로 직업 등을 묻고 답하기!

04+01	**scrittore** 남자 작가	04+02	**scrittrice** 여류 작가
04+03	**pittore** 남자 화가	04+04	**pittrice** 여류 화가
04+05	**dottore** 남자 의사/박사	04+06	**dottoressa** 여자 의사/박사
04+07	**studente** 남학생	04+08	**studentessa** 여학생
04+09	**professore** 남자 교수/교사	04+10	**professoressa** 여자 교수/교사
04+11	**architetto** 건축가	04+12	**medico** 의사

04+13	**presidente** 대통령	04+14	**ministro** 장관
04+15	**magistrato** 판사	04+16	**avvocato** 변호사
04+17	**poliziotto** 경찰관	04+18	**giudice** 심판
04+19	**stato civile** 결혼 여부	04+20	**stato libero** 독신
04+21	**sposato** 기혼자	04+22	**non sposato** 미혼자
04+23	**nubile** 독신 여성	04+24	**celibe** 독신 남성
04+25	**coniugata** 여자 기혼자	04+26	**coniugato** 남자 기혼자
04+27	**vedova** 과부	04+28	**vedovo** 홀아비

04+29 **Che lavoro fa?**
당신의 직업은 무엇입니까?

04+30 **Sono scrittrice.**
나는 여류 작가입니다.

04+31 **Che lavoro fai?**
너의 직업은 무엇이니?

04+32 **Sono studente.**
나는 (남)학생이야.

05.
Lezione 05.
이탈리아 명사의 세트메뉴, 정관사와 부정관사!
l'amica, le amiche
친구, 친구들

05-01	**il libro** 책	05-02	**i libri** 책들
05-03	**il bicchiere** 컵	05-04	**i bicchieri** 컵들
05-05	**lo studente** 학생	05-06	**gli studenti** 학생들
05-07	**lo psicologo** 심리학자	05-08	**gli psicologi** 심리학자들
05-09	**lo zucchero** 설탕	05-10	**gli zuccheri** 설탕들
05-11	**l'uomo** 남자	05-12	**gli uomini** 남자들
05-13	**l'amico** 친구	05-14	**gli amici** 친구들
05-15	**la torta** 케이크	05-16	**le torte** 케이크들
05-17	**la scuola** 학교	05-18	**le scuole** 학교들
05-19	**l'amica** 친구	05-20	**le amiche** 친구들
05-21	**l'erba** 잔디/풀	05-22	**le erbe** 잔디/풀들
05-23	**un libro** 책	05-24	**dei libri** 몇 권의 책들
05-25	**un cane** 개	05-26	**dei cani** 몇 마리의 강아지들
05-27	**uno studente** 학생	05-28	**degli studenti** 몇 명의 학생들
05-29	**uno xilofono** 실로폰	05-30	**degli xilofoni** 몇 대의 실로폰들
05-31	**una sedia** 의자	05-32	**delle sedie** 몇 개의 의자들
05-33	**una lampada** 전등	05-34	**delle lampade** 몇 개의 전등들
05-35	**un'amica** 친구	05-36	**delle amiche** 몇 명의 여자 친구들
05-37	**un'erba** 풀	05-38	**delle erbe** 약간의 풀

05+.
Lezione 05. Multi+Plus
이탈리아어로 날짜/요일/시간을 말하다!

05+01	**Che ora è?** 몇 시입니까?	
05+02	**Che ore sono?** 몇 시입니까?	
05+03	**Sono le cinque.** 5시입니다.	

05+04 **Sono le dieci e venti.**
10시 20분입니다.

05+05 **È l'una.**
1시입니다.

05+06 **È l'una e cinque.**
1시 5분입니다.

05+07 **È l'una e un quarto.**
1시 15분입니다.

05+08 **Sono le quattro e mezza.**
4시 30분입니다.

05+09 **Sono le nove meno un quarto.**
9시 15분 전입니다.

05+10 **Sono le dieci meno cinque.**
10시 5분 전입니다.

05+11 **Che giorno è oggi?**
오늘은 무슨 요일입니까?

05+12 **Oggi è lunedì.**
오늘은 월요일입니다.

05+13 **Che giorno è oggi?**
오늘 날짜가 어떻게 됩니까?
/ 오늘 무슨 요일입니까?

05+14 **(Oggi) è il 25 ottobre.**
(오늘은) 10월 25일입니다.

05+15 **È il 10 novembre 2016.**
2016년 11월 10일입니다.

05+16 **15/01/2018**
quindici/gennaio/duemiladiciotto
2018년 1월 15일

The quickest way for slow learners!

06.
Lezione 06.
이탈리아어의 핵심, 동사와 주격인칭대명사!
Io sono uno studente.
나는 학생입니다.

06-01 **Parliamo l'italiano.**
우리는 이탈리아어를 말합니다.

06-02 **Scrive una lettera.**
그는 편지를 씁니다.

06-03 **Non dormo.**
나는 잠을 못잡니다.

06-04 **Capisci l'inglese?**
너는 영어를 알아듣니?

06-05 **Io sono uno studente.**
나는 학생입니다.

06-06 **Lei è una ragazza.**
그녀는 소녀입니다.

06-07 **Ho due matite.**
나는 연필 2자루를 가지고 있습니다.

06-08 **Ha fame.**
그는 배가 고픕니다.

06-09 **Faccio i compiti.**
나는 숙제를 합니다.

06-10 **Fa molto freddo.**
매우 춥습니다.

06-11 **Vado a casa a piedi.**
나는 걸어서 집에 갑니다.

06-12 **Va bene!**
좋아!

Practical, Useful and Easy-To-Understand Lessons!

06-13 **Io parlo italiano.**
나는 이탈리아어로 말합니다.

06-14 **Lui dorme.**
그는 잡니다.

06-15 **Io capisco l'italiano.**
나는 이탈리아어를 이해합니다.

06-16 **Tu parli italiano?**
넌 이탈리아어를 하니?

06-17 **Lui dorme?**
그는 잡니까?

06-18 **Loro capiscono l'italiano?**
그들은 이탈리아어를 이해합니까?

06-19 **Io non parlo italiano.**
나는 이탈리아어로 말할 줄 모릅니다.

06-20 **Io non capisco l'italiano.**
나는 이탈리아어를 이해하지 못합니다.

06-21 **Tu non parli italiano?**
넌 이탈리아어를 말할 줄 모르니?

06-22 **Loro non capiscono l'italiano?**
그들은 이탈리아어를 이해하지 못합니까?

06+03 **Marco è in Italia.**
마르코는 이탈리아에 있습니다.

06+04 **Questo è un libro.**
이것은 책입니다.

06+05 **Sono uno studente.**
나는 학생입니다.

06+06 **Ho una borsa.**
나는 가방 하나를 가지고 있습니다.

06+07 **Ho un fratello.**
나는 남자 형제 한 명이 있습니다.

06+08 **Ho sonno.**
나는 졸립니다.

06+09 **Ho fame.**
나는 배고픕니다.

06+10 **Ho sete.**
나는 목마릅니다.

06+11 **Ho caldo.**
나는 덥습니다.

06+12 **Ho freddo.**
나는 춥습니다.

06+13 **Ho trenta anni.**
나는 30세입니다.

The quickest way for slow learners!

06+.
Lezione 06. Multi+Plus
이탈리아어로 자신을 표현하다!

06+01 **Io sono Maria.**
나는 마리아입니다.

06+02 **Sono coreana.**
나는 한국사람입니다.

07.
Lezione 07.
동사를 도와주는 이탈리아어 조동사들!
Posso parlare l'italiano.
나는 이탈리아어를 말할 수 있습니다.

07-01 **Posso parlare l'italiano.**
나는 이탈리아어를 말할 수 있습니다.

07-02 **Lei può cucinare in questa cucina.**
그녀는 이 주방에서 요리할 수 있습니다.

07-03 **Puoi venire al cinema stasera?**
오늘 저녁에 영화관에 갈 수 있니?

07-04 **No, non posso (venire).**
아니, 난 갈 수 없어.

07-05 **Posso fare una domanda?**
내가 질문해도 됩니까?

07-06 **Puoi venire presto?**
너는 일찍 올 수 있니?

07-07 **Posso usare la macchina stasera?**
오늘 저녁 자동차를 써도 됩니까?

07-08 **Posso leggere il libro?**
내가 그 책을 읽어도 됩니까?

07-09 **Voglio andare in vacanza.**
나는 휴가를 가고 싶습니다.

07-10 **Voglio vivere qui.**
나는 여기에 살고 싶습니다.

07-11 **Non voglio dire la verità.**
나는 진실을 말하고 싶지 않습니다.

07-12 **Dobbiamo andare dal dottore.**
우리는 병원에 가야 합니다.

07-13 **Devo fare la spesa.**
나는 쇼핑을 해야 합니다.

07-14 **Devi rispettare le leggi.**
너는 법을 지켜야만 한다.

07-15 **Non dovete bere alcolici.**
너희는 술을 마시면 안 된다.

07-16 **Sanno cucinare molto bene.**
그들은 매우 잘 요리할 줄 압니다.

07-17 **So nuotare.**
나는 수영할 줄 압니다.

07-18 **(Io) non devo andare.**
나는 가면 안 됩니다.

07-19 **(Tu) non puoi parlare.**
너는 말할 수 없다.

07-20 **(Noi) non vogliamo parlare.**
우리는 말하고 싶지 않습니다.

07-21 **Non devi andare?**
너는 가면 안 되니?

07-22 **Non puoi parlare?**
너는 말할 수 없니?

07-23 **Non vuoi mangiare?**
너는 안 먹고 싶니?

07+.
Lezione 07+. Multi Plus
이탈리아어 대표급 인사표현 및 생활표현!

07+01 **Ciao!**
안녕!

07+02 **Salve!**
안녕하세요!

07+03 **Come sta?**
어떻게 지내세요?

07+04 **Buon giorno!**
안녕하세요! / 안녕히 계세요!

07+05 **Buona sera!**
안녕하세요! / 안녕히 계세요!

07+06 **Buona notte!**
잘 자! / 좋은 밤 되세요!

07+07 **Ciao!**
안녕!

07+08 **Addio!**
안녕!

07+09 **A presto!**
곧 봐!

07+10 **Grazie.**
감사합니다.

07+11 **Grazie mille.**
대단히 감사합니다.

07+12 **Mi dispiace.**
미안합니다. / 죄송합니다.

07+13 **Mi scusi.**
죄송합니다. (존대어)

07+14 **Va bene.**
괜찮습니다.

07+15 **Sì.**
네/응.

07+16 **No.**
아니오/아니야.

07+17 **Certo!**
물론!

07+18 **D'accordo!**
나도 동의해!

The quickest way for slow learners!

08.
Lezione 08.
명사를 꾸며주는 이탈리아어의 화려한 형용사 (1)
È un ragazzo italiano.
그는 이탈리아 소년입니다.

08-01 **Il ragazzo carino ama la macchina veloce.**
그 귀여운 소년은 그 빠른 자동차를 좋아합니다.

08-02 **I ragazzi carini amano le macchine veloci.**
그 귀여운 소년들은 그 빠른 자동차들을 좋아합니다.

08-03 **la ragazza carina ama la macchina veloce.**
그 귀여운 소녀는 그 빠른 자동차를 좋아합니다.

08-04 **le ragazze carine amano le macchine veloci.**
그 귀여운 소녀들은 그 빠른 자동차들을 좋아합니다.

08-05 **Io conosco un buon ristorante.**
나는 좋은 레스토랑을 알고 있습니다.

08-06 **Lei è una buon'amica.**
그녀는 좋은 친구입니다.

08-07 **Marco è un bel ragazzo.**
Marco는 아름다운 소년입니다.

08-08 **Noi siamo begli studenti.**
우리는 아름다운 학생입니다.

08-09 **Ho un cane carino.**
나는 귀여운 강아지 한 마리를 가지고 있습니다.

08-10 **Ha un brutto gatto.**
그는 못생긴 고양이 한 마리를 가지고 있습니다.

08-11 **È un regalo costoso.**
그것은 비싼 선물입니다.

08-12 **È un ragazzo italiano.**
그는 이탈리아 소년입니다.

08-13 **Ho una macchia nera.**
나는 검은색 차 한 대를 가지고 있습니다.

08-14 **È uno specchio ovale.**
그것은 타원형의 거울입니다.

08+05 **Buona idea!**
좋은 생각이야!

08+06 **Buona fortuna!**
행운을 빌어!

08+07 **Buon viaggio!**
좋은 여행 되시기를!

08+08 **Buon appetito!**
맛있게 드세요!

08+09 **Congratulazioni!**
축하해!

08+10 **Tanti auguri!**
생일 축하해!

08+11 **Alla salute!**
건배!

08+12 **Cin Cin!**
건배!

08+13 **Aiuto!**
도와주세요!

08+14 **Pericolo!**
위험해!

08+.
Lezione 08. Multi+Plus
이탈리아어가 생생해지는 형용사 표현!

08+01 **Clara è vivace.**
클라라는 활발합니다.

08+02 **Clara e Maria sono timide.**
클라라와 마리아는 수줍음이 많습니다.

08+03 **Paolo è spiritoso.**
파올로는 유머러스합니다.

08+04 **Paolo e Alessio sono spiritosi.**
파올로와 알레씨오는 유머러스합니다.

09.
Lezione 09.
이탈리아어의 다채로운 형용사 (2)
Quell'uomo è simpatico.
그 남자는 친절합니다.

09-01 **Quell'uomo è simpatico.**
그 남자는 친절합니다.

Practical, Useful and Easy-To-Understand Lessons!

09-02 **Quella donna è severa.**
그 여성은 엄격합니다.

09-03 **Quei bambini sono rumorosi.**
그 아이들은 소란스럽습니다.

09-04 **Quelle case sono care.**
그 집들은 비쌉니다.

09-05 **Che cosa guardi?**
무엇을 보고 있니?

09-06 **Che lavoro fai?**
무슨 일을 하니?

09-07 **Quale libro preferisci?**
어떤 책을 선호하니?

09-08 **Quali documenti vuoi?**
어떤 자료를 원하니?

09-09 **Quanti soldi hai?**
돈을 얼마나 가지고 있니?

09-10 **Quante volte vai in biblioteca?**
도서관에 몇 번 가니?

09-11 **Non conosco nessun uomo.**
나는 어떠한 사람도 알지 못합니다.

09-12 **Ciascuno studente deve usare la propria penna.**
모든 학생은 자기 자신의 펜을 써야만 합니다.

09-13 **Ogni giorno bevo il latte.**
매일 나는 우유를 마십니다.

09-14 **Qualche ragazza parla inglese.**
몇 명의 소녀들이 영어를 말한다.

09-15 **Puoi fare qualunque domanda.**
어떤 질문이라도 너는 물어봐도 된다.

09-16 **Puoi chiedere qualsiasi informazione.**
어떤 정보든지 너는 물어봐도 된다.

09-17 **Mia madre cucina bene.**
나의 어머니는 요리를 잘하십니다.

09-18 **La mia mamma cucina bene.**
나의 엄마는 요리를 잘하십니다.

09-19 **Sua sorella è bella.**
그/그녀의 누나/언니는 아름답습니다.

09-20 **Loro fratello è alto.**
그들의 형/동생은 키가 큽니다.

The quickest way for slow learners!

09+.
Lezione 09+. Multi Plus
이탈리아어로 기본적인 대화 시작하기!

09+01 **Io sono felice.**
나는 행복합니다.

09+02 **La ragazza è triste.**
그 소녀는 슬프다.

09+03 **Il medico è molto stanco.**
그 의사는 매우 피곤합니다.

09+04 **Gli attori sono un po' occupati.**
그 배우들은 약간 바쁩니다.

09+05 **Dov'è il bagno?**
화장실이 어디에요?

09+06 **È nella stanza.**
방 안에 있습니다.

09+07 **È accanto alla stanza.**
방 옆에 있습니다.

09+08 **È a destra della stanza.**
방 오른쪽에 있습니다.

09+09 **È a sinistra della stanza.**
방 왼쪽에 있습니다.

09+10 **Davvero?**
정말?

09+11 **Sul serio?**
정말?/진심이야?

09+12 **Sicuro/a?**
진심이야?

09+13 **Certo.**
물론이지.

09+14 **Buon giorno!**
안녕하세요! / 안녕히 계세요!

09+15 **Buona sera!**
안녕하세요! / 안녕히 계세요!

09+16 **Buona notte!**
안녕히 주무세요! / 잘 자!

09+17 **Buona giornata!**
좋은 하루 되세요! / 좋은 하루!

09+18 **Buona serata!**
좋은 저녁 시간 되세요! / 좋은 저녁 시간 보내!

09+19 **Salve!**
안녕하세요!

09+20 **Ciao!**
안녕!

09+21 **Arrivederci!**
안녕히 가세요! / 안녕히 계세요!

09+22 **A presto!**
곧 보자!

09+23 **A dopo!**
나중에 봐!

The quickest way for slow learners!

10.
Lezione 10.
이탈리아어 재귀형 표현!
Mi sveglio presto la mattina.
나는 아침 일찍 일어납니다.

10-01 **Mi alzo.**
나는 (잠자리에서) 일어난다.

10-02 **Mi addormento.**
나는 잠이 든다.

10-03 **Mi sento ~.**
나는 기분이 ~하다.

10-04 **Mi siedo.**
나는 앉는다.

10-05 **Mi chiamo ~.**
내 이름은 ~입니다.

10-06 **Io alzo il volume.**
나는 볼륨을 높입니다.

10-07 **Io mi alzo presto.**
나는 일찍 일어납니다.

10-08 **(io) Mi sveglio.**
나는 잠에서 깬다.

10-09 **(noi) Ci svegliamo.**
우리는 잠에서 깬다.

10-10 **(tu) Ti svegli.**
너는 잠에서 깬다.

10-11 **(voi) Vi svegliate.**
너희는 잠에서 깬다.

10-12 **(lui/lei/Lei) Si sveglia.**
그/그녀/당신은 잠에서 깬다.

10-13 **(loro) Si svegliano.**
그들은 잠에서 깬다.

10-14 **Mi sveglio presto la mattina.**
나는 아침 일찍 일어납니다.

10-15 **Si addormenta molto tardi.**
그는 매우 늦게 잠듭니다.

10-16 **Mi faccio la doccia.**
나는 샤워를 합니다.

10-17 **Si sentono bene.**
그들은 잘 지냅니다.

10-18 **Si chiama Luca.**
그의 이름은 Luca입니다.

10-19 **Ti senti bene?**
너 괜찮니?

10-20 **Si sveglia presto?**
그는 일찍 일어납니까?

10-21 **Non mi sento bene.**
나는 상태가 좋지 않습니다.

10-22 **Non si sveglia presto.**
그는 일찍 일어나지 않습니다.

10-23 **Ci abbracciamo forte.**
우리는 강하게 서로를 껴안는다.

10-24 **Si baciano.**
그들은 키스를 한다.

10-25 **Vi incontrate spesso?**
너희들은 자주 만나니?

10-26 **Ci dividiamo tutto.**
우리는 모든 것을 나눈다.

10-27 **In Italia si guida a destra.**
이탈리아에서는 오른쪽 차도로 운전을 합니다.

10-28 **In Corea si mangia il riso.**
한국에서는 쌀을 먹습니다.

10-29 **Si impara bene con questo libro.**
이 책으로 잘 배웁니다.

10-30 **Si parla di lui.**
누군가가 그에 대해 말을 합니다.

The quickest way for slow learners!

10+.
Lezione 10. Multi-Plus
이탈리아어 실전 통성명!

10+01 **Come ti chiami?**
너 자신을 어떻게 부르니? (너 이름이 뭐니?)

10+02 **Mi chiamo Emma.**
나 자신을 엠마라 불러. (나는 엠마야.)

10+03 **Qual è il tuo nome?**
너의 이름은 무엇이니?

10+04 **Il mio nome è Silvia.**
내 이름은 실비아야.

10+05 **Ti presento il mio amico Daniele.**
너에게 내 친구 Daniele를 소개할께.

10+06 **Piacere di conoscerti!**
만나서 반가워!

10+07 **Piacere mio! Come ti chiami?**
나도 반가워! 이름이 뭐니?

10+08 **Mi chiamo Maria.**
내 이름은 Maria야.

10+09 **Scusi, è lei la signora Rossi?**
실례합니다. Rossi 부인이신가요?

10+10 **Sì, sono io, e Lei come si chiama?**
네, 저예요. 그런데 당신의 이름은 무엇인가요?

10+11 **Sono Riva, piacere.**
저는 Riva입니다. 반가워요.

The quickest way for slow learners!

11.
Lezione 11.
아기자기한 이탈리아어 전치사를 한자리에!
Il gatto è vicino al cane.
고양이는 강아지 옆에 있습니다.

11-01 **Il fiore è sotto l'albero.**
꽃은 나무 밑에 있습니다.

11-02 **Il libro è sopra il tavolo.**
책은 탁자 위에 있습니다.

11-03 **L'anello è dentro alla scatola.**
반지는 상자 안에 있습니다.

11-04 **Il gatto è vicino al cane.**
고양이는 강아지 옆에 있습니다.

11-05 **Le scarpe sono sotto la sedia.**
신발은 의자 아래에 있습니다.

11-06 **Le foglie sono intorno agli alberi.**
나뭇잎들은 나무 주변에 있습니다.

11-07 **La macchina è di fronte alla casa.**
자동차는 집 앞에 있습니다.

11-08 **Ci sono i libri sulla tavola.**
테이블 위에 책이 있습니다.

11-09 **Vado all'università.**
나는 대학교에 갑니다.

11-10 **Va da Roma a Milano.**
그는 로마에서 밀라노로 갑니다.

11-11 **Vado dal mare alla montagna.**
나는 바다에서 산으로 갑니다.

11-12 **Vado a Parigi.**
파리에 갑니다.

11-13 **Vado in Francia.**
프랑스에 갑니다.

11-14 **Vado a Venezia.**
베니스에 갑니다.

11-15 **Vado in Sicilia.**
시칠리아에 갑니다.

11-16 **La porta è di legno.**
문은 나무로 되어 있습니다.

11-17 **La maniglia è di metallo.**
손잡이는 금속으로 되어 있습니다.

11-18 **La collana è d'oro.**
목걸이는 금으로 되어 있습니다.

11-19 **Oggi non vado a scuola.**
나는 오늘 학교에 가지 않습니다.

11-20 **Mi trovo molto bene qui.**
나는 여기서 매우 잘 지냅니다.

11-21 **Mangia poco a cena.**
그는 저녁식사 때 적게 먹습니다.

11-22 **Forse lui dice le bugie.**
아마도 그는 거짓말을 하고 있는 것 같습니다.

11-23 **Compro la macchina veloce.**
나는 빠른 자동차를 삽니다.

11-24 **La macchina corre velocemente.**
자동차가 빠르게 달립니다.

11-25 **È un prezzo economico.**
그것은 경제적인 (싼) 가격입니다.

11-26 **Marco è economicamente indipendente dai suoi genitori.**
Marco는 부모님으로부터 경제적으로 독립했습니다.

The quickest way for slow learners!

11+.
Lezione 11. Multi-Plus
이탈리아어 여행 회화가 강력해지는 코너!

11+01 **Avete una camera doppia libera?**
두 사람을 위한 방이 있습니까?

11+02 **Voglio una camera con vista.**
전망 있는 방을 원합니다.

11+03 **A che ora è la colazione?**
조식은 몇 시입니까?

11+04 **Posso usare la piscina?**
수영장을 사용할 수 있습니까?

11+05 **Quanto costa una camera per una notte?**
1박에 얼마입니까?

11+06 **Mi scusi.**
실례합니다.

11+07 **Dove è il teatro?**
극장이 어디에 있습니까?

11+08 **È nel centro.**
시내에 있습니다.

11+09 **Come posso arrivarci?**
그곳에 어떻게 갑니까?

11+10 **Puoi arrivarci a piedi.**
걸어서 그곳에 갈 수 있습니다.

11+11 **Devi prendere un taxi / l'autobus / la metro.**
택시/버스/전철을 타야 합니다.

11+12 **Entri!**
들어오세요!

11+13 **Aiuto!**
도와줘요! / 살려줘요!

11+14 **Attenzione!**
주의! / 주목!

11+15 **Attento!**
조심해!

11+16 **Vattene!**
나가!

The quickest way for slow learners!

12.
Lezione 12.
이탈리아어 목적대명사와 이중목적대명사!
Ti posso chiedere un favore?
너에게 도움을 청해도 될까?

12-01 **Lui mi chiama.**
그가 나를 부른다.

12-02 **Sara ci aiuta.**
Sara가 우리를 도와준다.

12-03 **Lo compro.**
나는 그것을 산다.

12-04 **Le vendo.**
나는 그것들을 판다.

12-05 **Cicci legge il libro.**
Cicci가 책을 읽습니다.

12-06 **Cicci lo legge.**
Cicci가 그것을 읽습니다.

12-07 **Maria compra i vestiti.**
Maria가 옷들을 삽니다.

12-08 **Maria li compra.**
Maria가 그것들을 삽니다.

12-09 **Posso chiamare Francesco.**
나는 Francesco를 부를 수 있습니다.
(Francesco에게 전화할 수 있습니다.)

12-10 **Lo posso chiamare.**
(나는) 그를 부를 수 있습니다.
(나는 그에게 전화할 수 있습니다.)

12-11 **Posso chiamarlo.**
(나는) 그를 부를 수 있습니다.
(나는 그에게 전화할 수 있습니다.)

12-12 **Telefono dopo a voi.**
나중에 너희에게 전화할게.

12-13 **Vi telefono dopo.**
나중에 너희에게 전화할게.

12-14 **Ti posso chiedere un favore?**
너에게 도움을 요청해도 될까?

12-15 **Posso chiederti un favore?**
너에게 도움을 요청해도 될까?

12-16 **Posso chiedere un favore a te?**
너에게 도움을 요청해도 될까?

12-17 **Compro loro un regalo.**
그들에게 선물을 사줍니다.

12-18 **Gli compro un regalo.**
그들에게 선물을 사줍니다.

12-19 **A loro, compro un regalo.**
그들에게 선물을 사줍니다.

12-20 **Francesca presta il libro a me.**
Francesca가 나에게 책을 빌려줍니다.

12-21 **Francesca me lo presta.**
Francesca가 나에게 그것을 빌려줍니다.

12-22 **Francesca non vuole prestare il libro a me.**
Francesca는 나에게 그 책을 빌려주고 싶어하지 않습니다.

12-23 **Francesca non me lo vuole prestare.**
Francesca는 나에게 그것을 빌려주고 싶어하지 않습니다.

12-24 **Francesca non vuole prestarmelo.**
Francesca는 나에게 그것을 빌려주고 싶어하지 않습니다.

12+.
Lezione 12. Multi-Plus
이탈리아어의 모든 의문 표현!

12+01 **Come?**
뭐라구요?

12+02 **Come si dice questo in italiano?**
이것을 이탈리아어로 어떻게 말합니까?

12+03 **Come posso arrivarci?**
그곳에 어떻게 갑니까?

12+04 **Com'è il cibo?**
요리가 (맛이) 어떻습니까?

The quickest way for slow learners!

13.
Lezione 13.
이탈리아어의 비교급과 최상급
Io sono più bella di Eva.
나는 Eva보다 더 예쁩니다.

13-10 **Lui è (tanto) brutto quanto Marco.**
그는 Marco만큼 못생겼습니다.

13-11 **La casa è (così) costosa come grande.**
그 집은 큰만큼 비쌉니다.

13-12 **La casa è (tanto) costosa quanto grande.**
그 집은 큰만큼 비쌉니다.

13-13 **Francesco è il ragazzo più bello di tutti.**
Francesco는 이 모든 사람 중 가장 아름다운 소년입니다.

13-14 **Francesco è il ragazzo meno bello di tutti.**
Francesco는 이 모든 사람 중 가장 아름답지 않은 소년입니다.

13-15 **Emma è la studentessa più intelligente di tutti.**
Emma는 이 모든 사람 중 가장 똑똑한 학생입니다.

13-16 **Emma è la studentessa meno intelligente di tutti.**
Emma는 이 모든 사람 중 가장 똑똑하지 않은 학생입니다.

13-17 **Lui compra una macchina costosissima.**
그는 아주 비싼 자동차를 삽니다.

13-18 **Voglio mangiare un cibo buonissimo.**
나는 아주 맛있는 음식을 먹고 싶습니다.

13-19 **Guardo un film famosissimo.**
나는 아주 유명한 영화를 봅니다.

13-20 **È una città bellissima.**
아주 아름다운 도시입니다.

13-21 **Lui è il migliore amico.**
그는 아주 좋은 친구입니다.

13-22 **Aspettiamo l'ottimo risultato.**
우리는 최상의 결과를 기대합니다.

13-23 **Riceve il pessimo risultato.**
그는 최악의 결과를 받습니다.

13-24 **Non ho la minima idea.**
나는 최소한의 아이디어도 없습니다.

The quickest way for slow learners!

13+.
Lezione 13. Multi-Plus
이탈리아어로 이런저런 표현하기!

13+01 **Tre più sei è uguale a nove.**
3 더하기 6은 9.

13+02 **Sei meno tre è uguale a tre.**
6 빼기 3은 3.

13+03 **Sette più otto è uguale a quindici.**
7 더하기 8은 15.

13+04 **Quindici meno cinque è uguale a dieci.**
15 빼기 5는 10.

13+05 **Buono!**
좋아!

13+06 **Bello!**
멋지다!

13+07 **Meraviglioso!**
놀라워요!

13+08 **Fantastico!**
환상적이에요!

13+09 **Perfetto!**
완벽해요!

13+10 **Mammamia!**
맙소사!

13+11 **Dai!**
자!

13+12 **Benissimo!**
아주 좋아!

13+13 **Uffa!**
우아! (지겨울 때 내는 소리)

13+14 **Allora…**
음… (뭔가 생각할 때, 대답을 주저할 때)

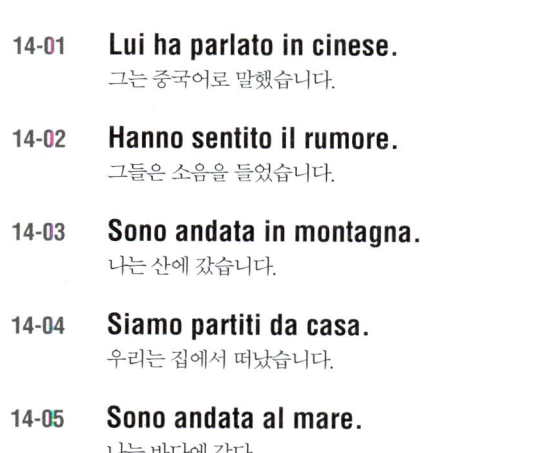

14.
Lezione 14.
이탈리아어의 시제, 그 첫 번째! : 직설법 근과거
Sono tornato a casa.
나는 집으로 돌아갔다.

14-01 **Lui ha parlato in cinese.**
그는 중국어로 말했습니다.

14-02 **Hanno sentito il rumore.**
그들은 소음을 들었습니다.

14-03 **Sono andata in montagna.**
나는 산에 갔습니다.

14-04 **Siamo partiti da casa.**
우리는 집에서 떠났습니다.

14-05 **Sono andata al mare.**
나는 바다에 갔다.

14-06 **Siamo partiti per l'Italia.**
우리는 이탈리아를 향해 출발했다.

14-07 **Ho parlato con Laura.**
나는 Laura랑 말을 했다.

14-08 **Sono partita.**
나는 출발했다.

14-09 **Sono tornato a casa.**
나는 집으로 돌아갔다.

14-10 **Ho comprato una borsa.**
나는 가방 하나를 샀다.

14-11 **Mi sono lavato/a i denti.**
나는 이를 닦는다.

14-12 **È venuto Luca.**
Luca가 왔다.

14-13 **Loro sono arrivati.**
그들이 도착했다.

14-14 **Siamo partiti per Roma.**
우리는 Roma를 향해 출발했다.

14-15 **Siamo rimasti a casa tutto il giorno.**
하루 종일 우리는 집에 머물렀다.

14-16 **Sono stata a Milano lunedì scorso.**
나는 지난 월요일에 Milano에 있었다.

14-17 **Lei è dimagrita.**
그녀는 살이 빠졌다.

14-18 **Sono nata il 27 marzo.**
나는 3월 27일에 태어났다.

14-19 **Eva ha cominciato la scuola.**
Eva는 학교에 다니기 시작했다.

14-20 **Abbiamo finito la birra.**
우리는 맥주를 다 마셨다.

14-21 **Il film è cominciato alle 22:30.**
영화는 22시 30분에 시작했다.

14-22 **La lezione è finita alle 15:00.**
수업은 15시에 끝났다.

14-23 **Non ho potuto partecipare alla riunione.**
나는 회의에 참석할 수 없었습니다.

14-24 **Sono dovuto/a andare a Napoli.**
나는 Napoli에 가야만 했습니다.

14-25 **Ho voluto fare la spesa.**
나는 장을 보고 싶었습니다.

14+.
Lezione 14. Multi-Plus
이탈리아어 식당용 표현 총정리!

14+01 **Per favore, posso avere il menù?**
제가 메뉴판을 가질 수 있습니까?
(메뉴판 좀 주실래요?)

14+02 **Cosa cosiglia dal menù?**
무엇을 메뉴에서 추천하시나요?
(메뉴 하나 추천해 주시겠습니까?)

14+03 **Voglio una bistecca con patatine fritte e l'acqua frizzante, per favore!**
감자튀김을 곁들인 스테이크와 탄산수 주세요!

14+04 **Non voglio il dessert.**
디저트는 원하지 않습니다.

14+05 **Buon apppetito!**
맛있게 드세요!

14+06 **Molto buono!**
아주 맛있네요!

14+07 **La carne è un po' cruda.**
고기가 덜 익었네요.

14+08 **Può cuocere la carne ancora un po'?**
고기를 다시 조금 더 익혀주실 수 있나요?

14+09 **Il conto, per favore!**
계산서 주세요!

14+10 **Quant'è?**
얼마죠?

14+11 **Posso pagare con la carta di credito?**
신용카드로 결제할 수 있나요?

14+12 **Paghiamo ognuno per sé.**
우리는 각자 계산할 것입니다.

15.
Lezione 15.
이탈리아어의 시제, 그 두 번째! : 직설법 비완료과거
Faceva molto freddo ieri.
어제는 매우 추웠습니다.

15-01 **Andavo al mare.**
나는 바다에 가곤 했습니다.

15-02 **Prendeva un caffè ogni mattina.**
그는 아침마다 커피를 마시곤 했습니다.

15-03 **Non capivano per niente.**
그들은 전혀 이해하지 못했습니다.

15-04 **Faceva molto freddo ieri.**
어제는 매우 추웠습니다.

15-05 **Faceva i compiti nel parco.**
그는 공원에서 숙제를 하곤 했습니다.

15-06 **Mi diceva le bugie.**
그는 나에게 거짓말을 하곤 했습니다.

15-07 **Il nonno beveva spesso.**
할아버지는 자주 (술을) 마시곤 했습니다.

15-08 **Cantavo durante il lavoro.**
일하는 동안 나는 노래를 했습니다.

15-09 **Mentre Luca studiava, è arrivata Rita.**
Luca가 공부하고 있는 동안에 Rita가 도착했습니다.

15-10 **Ieri ho dovuto incontrare Maria.**
어제 나는 Maria를 만나야만 했습니다.

15-11 **Ieri dovevo incontrare Maria.**
어제 나는 Maria를 만나야만 했습니다.

15-12 **Ieri ho potuto incontrare Maria.**
어제 나는 Maria를 만날 수 있었습니다.

15-13 **Ieri potevo incontrare Maria.**
어제 나는 Maria를 만날 수 있었습니다.

15+.
Lezione 15. Multi-Plus
이탈리아어 응급상황 표현 총정리!

15+01 **Dov'è la farmacia più vicina?**
가장 가까운 약국은 어디 있습니까?

15+02 **Chiama l'ambulanza!**
구급차를 불러주세요!

15+03 **Mi può accompagnare all'ospedale più vicino?**
가장 가까운 병원으로 저를 데려다주시겠습니까?

15+04 **Voglio prenotare una visita per la valutazione dello stato di salute.**
건강검진을 예약하고 싶습니다.

15+05 **Non si sente bene?**
아프신가요?

15+06 **Ho mal di testa.**
나는 머리가 아픕니다.

15+07 **Ho la febbre alta.**
나는 열이 많이 납니다.

15+08 **Ha giramenti di testa?**
당신은 어지럽습니까?

15+09 **Non posso respirare bene.**
호흡을 잘 할 수 없습니다.

15+10 **Ho il raffreddore.**
나는 감기에 걸렸습니다.

15+11 **Ho mal di pancia.**
나는 복통이 있습니다.

15+12 **Mi sono bruciato/a il dito.**
나는 손가락에 화상을 입었습니다.

15+13 **Ho la nausea.**
나는 구토가 납니다.

Practical, Useful and
Easy-To-Understand Lessons!

The quickest way for slow learners!

16.
Lezione 16.
이탈리아어의 시제, 그 세 번째! : 직설법 원과거
Da giovane lessi molto.
젊어서부터 많이 읽었다.

16-01 **Nel 1910 lui sposò la ragazza.**
1910년에 그는 그 소녀와 결혼했다.

16-02 **Nel 1924 Francesca ricevé la lettera.**
1924년에 Francesca는 그 편지를 받았다.

16-03 **Dante Alighieri morì a Ravenna nel 1321.**
Dante Alighieri는 Ravenna에서 1321년에 죽었다.

16-04 **Dante fu un grande scrittore.**
Dante는 위대한 작가였다.

16-05 **Carlo ebbe molti soldi.**
Carlo는 많은 돈을 가지고 있었다.

16-06 **Carlo diede una casa a suo fratello.**
Carlo는 그의 형제에게 집 한 채를 줬다.

16-07 **Maria non disse la verità.**
Maria는 진실을 말하지 않았다.

16-08 **Da giovane leggevo molto.**
젊어서부터 (책을) 많이 읽었습니다.

16-09 **Da giovane ho letto molto.**
젊어서부터 (책을) 많이 읽었습니다.

16-10 **Da giovane lessi molto.**
젊어서부터 (책을) 많이 읽었다.

16-11 **Leggo il giornale e torno a casa.**
나는 신문을 읽고 집에 갑니다.

16-12 **Non mangio il pane né bevo il latte.**
나는 빵을 먹지도 우유를 마시지도 않습니다.

16-13 **Conosco Luigi, ma non siamo amici.**
나는 Luigi를 알지만, 친구는 아닙니다.

16-14 **Voglio fare la spesa, però non ho i soldi.**
나는 쇼핑을 하고 싶지만, 돈이 없습니다.

16-15 **Enzo non è bello, anzi è brutto.**
Enzo는 잘생긴 것이 아니라 못생겼습니다.

16-16 **Sara non è simpatica, ma è antipatica.**
Sara는 친절한 것이 아니라 못됐습니다.

16-17 **Luca studia o dorme?**
Luca는 공부합니까 아니면 잠을 잡니까?

16-18 **Lui viene o non viene?**
그가 옵니까 아니면 안 옵니까?

16-19 **Non esco, perché piove.**
나는 비가 오기 때문에 나가지 않습니다.

16-20 **Non mangio la carne, perché sono vegetariano.**
나는 채식주의자이기 때문에 고기를 먹지 않습니다.

16-21 **Lui è arrivato anche se è tardi.**
그는 비록 늦었지만 도착했습니다.

16-22 **Lei è felice anche se è povera.**
그녀는 가난하지만 행복합니다.

16-23 **Mentre mangio, guardo la TV.**
나는 먹는 동안 TV를 봅니다.

16-24 **Quando non arriva l'autobus, andiamo a piedi.**
버스가 오지 않을 때 걸어서 갑니다.

It's the perfect book for any self-learner. **Italian**

16+.
Lezione 16. Multi-Plus
이탈리아어 쇼핑 회화 단계별 총정리!

16+01 Dove è il grande magazzino?
백화점이 어디에 있습니까?

16+02 Dove è il reparto di abiti?
의류 코너는 어디입니까?

16+03 Do un'occhiata.
단지 보고 있는 중입니다.

16+04 Cerco una gonna.
치마를 하나 찾고 있습니다.

16+05 Posso provare questo?
이것을 입어볼 수 있을까요?

16+06 Dov'è il camerino?
피팅룸이 어디 있습니까?

16+07 Mi piace/piacciono molto.
아주 마음에 듭니다.

16+08 Non mi piace/piacciono.
마음에 들지 않습니다.

16+09 Le sta bene.
잘 어울리시네요.

16+10 Non mi sta/stanno.
사이즈가 맞지 않습니다. /
나에게 어울리지 않습니다.

16+11 Avete una taglia più piccola/ grande?
더 작은/큰 사이즈가 있습니까?

16+12 Che taglia porta Lei?
당신은 사이즈가 무엇입니까?

16+13 Lo prendo.
그것으로 하겠습니다.

16+14 Posso avere uno sconto?
할인을 받을 수 있을까요?

16+15 Può confezionarlo?
포장됩니까?

16+16 Quanto costa in tutto?
전부 얼마입니까?

17.
Lezione 17.
이탈리아어의 시제, 그 네 번째! : 직설법 대과거
Quando sono entrato in casa, tutti erano già partiti.
내가 집에 들어왔을 때, 모두 이미 떠났습니다.

17-01 Quando sono entrato in casa, tutti erano già partiti.
내가 집에 들어왔을 때, 모두 이미 떠났습니다.

17-02 Quando siamo arrivati all'aeroporto, l'aereo era già partito.
우리가 공항에 도착했을 때, 비행기는 이미 떠났습니다.

17-03 Quando Luca è partito dal suo paese, Eva era già tornata a casa.
Luca가 그의 마을에서 떠났을 때, Eva는 이미 집으로 돌아왔습니다.

17-04 Quando il nonno è arrivato a casa, la nonna era già uscita.
할아버지가 집에 도착했을 때, 할머니는 이미 외출했습니다.

Practical, Useful and Easy-To-Understand Lessons!

17-05 **Ieri ho comprato la gonna che avevo desiderato tanto.**
어제 내가 매우 원했던 치마를 샀습니다.

17-06 **Ho visto Marco che tu mi avevi presentato la settimana scorsa.**
네가 나에게 지난 주에 소개했던 Marco를 봤어.

17-07 **Ho ricevuto una lettera che mi aveva mandato Paolo.**
나는 Paolo가 나에게 보낸 편지를 받았습니다.

17-08 **È arrivato un pacco che aveva spedito dall'estero.**
외국에서 보낸 소포가 도착했습니다.

17+.
Lezione 17. Multi-Plus
이탈리아어 대중교통 이용 회화 모음!

17+01 **Dove è la stazione della metro più vicina?**
가장 가까운 지하철 역이 어디입니까?

17+02 **Quale linea della metro devo prendere per arrivare alla piazza Navona?**
Navona 광장으로 가려면 몇 호선을 타야 합니까?

17+03 **Devo cambiare?**
환승해야 합니까?

17+04 **Mi dà un carnet da dieci biglietti, per favore?**
10회 승차권 주시겠습니까?

17+05 **Dove posso trovare la tabella oraria dei treni?**
기차 시간표를 어디서 얻을 수 있습니까?

17+06 **A che ora parte il treno per Napoli?**
Napoli행 기차는 몇 시에 출발합니까?

17+07 **Dove è l'ufficio d'informazioni?**
안내소는 어디에 있습니까?

17+08 **Questo treno va a Roma?**
이 열차가 Roma로 갑니까?

17+09 **Andata e ritorno, per favore.**
왕복으로 부탁합니다.

17+10 **Dove vuole andare?**
어디로 가시겠습니까?

17+11 **Vorrei andare a Piazza Roma.**
로마 광장에 가고 싶습니다.

17+12 **Fermi qui, per favore.**
여기 세워주십시오.

17+13 **Tenga il resto.**
잔돈은 가지세요.

18.
Lezione 18.
이제는 미래형이다, 단순미래와 선립미래!
Andrò al mare quest'estate.
나는 이번 여름에 바다에 갈 것입니다.

18-01 **Io amerò il mio futuro marito.**
나는 내 미래의 남편을 사랑할 것입니다.

18-02 **Prenderai un gelato.**
너는 아이스크림을 먹을 것이다.

18-03 **Capirà meglio.**
그는 더 잘 이해할 것입니다.

18-04 **Andrò al mare quest'estate.**
나는 이번 여름에 바다에 갈 것입니다.

18-05 **Non farò i compiti.**
나는 숙제를 하지 않을 것입니다.

18-06 **Una mia amica verrà questo sabato.**
내 친구 한 명이 이번 토요일에 올 것입니다.

18-07 **Noi saremo felici.**
우리는 행복할 것입니다.

18-08 **Lui avrà tanti soldi.**
그는 많은 돈을 가질 것입니다.

18-09 **Domani partirà Luigi.**
내일 Luigi가 떠날 것입니다.

18-10 **Domani parte Luigi.**
내일 Luigi가 떠날 것입니다.

18-11 **Quest'uomo non avrà soldi.**
이 남자는 돈이 없을 것입니다.

18-12 **Farà freddo.**
날씨가 추울 것입니다.

18-13 **Appena sarò arrivato a casa, ti chiamerò.**
집에 도착하자마자, 너에게 전화할게.

18-14 **Quando sarò arrivato a casa, ti chiamerò.**
집에 도착하면, 너에게 전화할게.

18-15 **Dopo che sarò arrivato a casa, ti chiamerò.**
집에 도착한 뒤에, 너에게 전화할게.

18-16 **Sarà tornato a casa tardi.**
집에 늦게 돌아왔을 것입니다.

18-17 **Saranno state le 8.**
8시 정도 되었을 것입니다.

18-18 **Avrà detto la verità.**
진실을 말했을 것입니다.

18-19 **Avrà dato un regalo a sua moglie.**
그의 아내에게 선물을 주었을 것입니다.

The quickest way for slow learners!

18+.
Lezione 18. Multi-Plus
이탈리아어로 친구 사귀기!

18+01 **Ciao! Come stai?**
안녕! 어떻게 지내?

18+02 **Come va?**
어떻게 지내세요?

18+03 **Bene, grazie.**
잘 지내, 고마워.

18+04 **Mi chiamo Clara.**
내 이름은 Clara야.

18+05 **Piacere (di conoscerti)!**
(만나서) 반가워!

18+06 **Di dove sei?**
어디 출신이니?

18+07 **Vengo dalla Corea.**
한국에서 왔어.

18+08 **Dove abiti?**
어디에 사니?

18+09 **Abito a Londra.**
런던에 살아.

18+10 **Come mai sei in Italia?**
이탈리아에 왜 왔니?

18+11 **Sono in vacanza. / Lavoro qui.**
휴가 중이야. / 여기서 일해.

18+12 **Quando è il tuo compleanno?**
네 생일이 언제니?

18+13 **È il 17 gennaio.**
1월 17일이야.

18+14 **Quanti anni hai?**
몇 살이니?

18+15 **Ho 25 anni.**
25살이야.

18+16 **Che lavoro fai?**
무슨 일 하니?

18+17 **Voglio invitarti a casa mia.**
너를 우리 집에 초대하고 싶어.

18+18 **Qual è il tuo numero di telefono?**
전화번호가 어떻게 되니?

18+19 **Sei su facebook?**
너 페이스북 있니?

18+20 **Qual è il tuo nome utente?**
너의 아이디가 어떻게 되니?

The quickest way for slow learners!

19.
Lezione 19.
이탈리아어 조건법으로 가능성 또는 바램 표현하기!
Vorrei un gelato.
나는 아이스크림을 원합니다.

19-01 **Lo amerei volentieri.**
기꺼이 그를 사랑하고 싶습니다. (바램)

19-02 **Prenderei un caffè.**
커피를 마시고 싶습니다. (바램)

19-03 **Capirebbe meglio.**
더 잘 이해할 것입니다. (추측)

19-04 **La vittima sarebbe inglese.**
희생자는 영국인일 것입니다.

19-05 **Avrebbero tanti figli.**
그들은 많은 자식들을 갖고 있을 것입니다.

19-06 **Vorrei un gelato.**
나는 아이스크림을 원합니다. (먹고 싶습니다.)

19-07 **Desidererei una macchina nuova.**
새로운 자동차를 원합니다.

19-08 **Il capo sarebbe malato.**
사장님이 병에 걸린 것 같습니다.

19-09 **Luca avrebbe tanti problemi.**
Luca는 많은 문제를 가지고 있는 것 같습니다.

19-10 **Cristina potrebbe voler sposare il suo ragazzo.**
Cristina는 그의 남자 친구와의 결혼을 원하고 있을 수 있습니다.

19-11 **Tu dovresti studiare di più.**
너는 공부를 더 해야만 한다.

Practical, Useful and Easy-To-Understand Lessons!

19-12 **Mi aiuteresti, per favore?**
나를 좀 도와줄 수 있겠니?

19-13 **Mi passerebbe il sale?**
저에게 소금을 전해주시겠습니까?

19-14 **Luigi avrebbe voluto quel libro.**
Luigi는 그 책을 원했을 것입니다.

19-15 **Eva sarebbe stata a Roma.**
Eva는 로마에 있었을 것입니다.

19-16 **Lei avrebbe letto il giornale.**
그녀는 신문을 읽었을 것입니다.

19-17 **I bambini sarebbero stati felici.**
아이들은 행복했을 것입니다.

19-18 **Avrei voluto diventare medico.**
나는 의사가 되고 싶었습니다.

19-19 **Avrebbe voluto comprare una camicia.**
그는 셔츠를 하나 사고 싶어했습니다.

19-20 **Il capo sarebbe stato malato.**
사장님이 병에 걸리셨을 것입니다.

19-21 **Luca avrebbe avuto tanti problemi.**
Luca는 많은 문제를 가지고 있었을 것입니다.

The quickest way for slow learners!

**19+.
Lezione 19+ Multi Plus**
이탈리아어로 사랑 만들기!

19+01 **Ciao! Come stai?**
안녕! 어떻게 지내?

19+02 **Oggi è bel tempo.**
아름다운 날씨야.

19+03 **Che fai qui?**
여기서 뭐 하니?

19+04 **Aspetti qualcuno?**
누구를 기다리니?

19+05 **Come si dice 'hello' in italiano?**
'헬로'를 이탈리아어로 어떻게 말해?

19+06 **Mi chiamo Carlo. E tu?**
나는 Carlo야. 너는?

19+07 **Vengo dall'Inghilterra.**
나는 영국에서 왔어.

19+08 **Di dove sei?**
너는 어디 출신이니?

19+09 **Sei coreana?**
한국인이니?

19+10 **Sei studente o lavori?**
학생이니 아니면 일을 하니?

19+11 **Qual è il tuo hobby?**
너의 취미가 뭐니?

19+12 **Hai il ragazzo / la ragazza?**
남자/여자 친구 있니?

Practical, Useful and **Easy-To-Understand** Lessons!

19+13 **Sei libero/a stasera?**
오늘 저녁에 한가하니?

19+14 **Vuoi cenare con me un giorno?**
나랑 언제 같이 저녁 식사할래?

19+15 **Andiamo insieme a vedere un film?**
나랑 영화 보러 갈래?

19+16 **Mi piaci.**
네가 맘에 들어.

19+17 **Mi piace passare tempo con te.**
너와 함께 보내는 시간이 즐거워.

19+18 **Chiamami!**
나에게 전화해!

19+19 **Ti chiamo.**
내가 전화할게.

19+20 **Quando posso vederti ancora?**
언제 너를 다시 볼 수 있을까?

The quickest way for slow learners!

20.
Lezione 20.
이탈리아어의 접속법을 만나다!
Penso che lui sia felice.
나는 그가 행복하다고 생각합니다.

20-01 **Penso che lui ami Anna.**
나는 그가 Anna를 사랑한다고 생각합니다.

20-02 **Penso che lei prenda un caffè.**
나는 그녀가 커피를 마실 거라고 생각합니다.

20-03 **Penso che capiscano meglio.**
나는 그들이 더 잘 이해할 것이라고 생각합니다

20-04 **Penso che si sentano bene qui.**
나는 그들이 여기서 잘 지낸다고 생각합니다.

20-05 **Penso che lui sia felice.**
나는 그가 행복하다고 생각합니다.

20-06 **Penso che abbiamo un problema.**
나는 우리가 문제를 가지고 있다고 생각합니다.

20-07 **Penso che lei vada a scuola.**
나는 그녀가 학교에 간다고 생각합니다.

20-08 **Penso che mi dia un regalo.**
나는 그가 나에게 선물을 준다고 생각합니다.

20-09 **Mi dispiace che lui non venga domani.**
그가 내일 오지 못해 유감스럽습니다.

20-10 **Penso che lui arrivi domani.**
나는 그가 내일 도착한다고 생각합니다.

20-11 **Suppongo che lei sia triste.**
나는 그녀가 슬프다고 추측합니다.

20-12 **Spero che lei venga domani.**
나는 그녀가 내일 오기를 희망합니다.

20-13 **Voglio che piova stasera.**
나는 오늘 저녁에 비가 오기를 희망합니다.

20-14 **Temo che faccia troppo freddo fuori.**
밖이 너무 추울까 봐 두렵습니다.

20-15 **Dubito che nevichi domani.**
내일 눈이 올지 의심스럽습니다.

20-16 **È meglio che i bambini vadano a letto presto.**
아이들은 일찍 잠자리에 드는 것이 더 낫습니다.

20-17 **È possibile che Marco parta domani.**
Marco는 내일 출발할 가능성이 있습니다.

20-18 **Sembra che lui non stia molto bene.**
그가 아주 좋지 않아 보입니다.

20-19 **Dicono che lui sia stupido.**
사람들은 그가 멍청하다고 말합니다.

20-20 **Cerchiamo una segretaria che parli il tedesco.**
우리는 독일어를 할 줄 아는 비서를 찾습니다.

20-21 **Cerco un abito che sia bianco.**
나는 흰색의 옷을 찾습니다.

20-22 **Voglio una gonna che sia di lana.**
나는 양모로 된 치마를 원합니다.

The quickest way for slow learners!

20+.
Lezione 20+ Multi Plus
이탈리아 입국심사 회화 총정리!

20+01 **Qual è la sua destinazione?**
목적지가 어디입니까?

20+02 **Il suo passaporto e il biglietto, per favore.**
여권과 티켓을 주십시오.

20+03 **Quanti bagagli ha per il check-in?**
부치실 짐이 몇 개입니까?

20+04 **Ha qualche bagaglio a mano?**
기내용 손가방을 가지고 계십니까?

20+05 **Posso vedere il suo passaporto?**
당신의 여권을 볼 수 있습니까?

20+06 **Eccolo qui.**
여기 있습니다.

20+07 **Qual è lo scopo di questo viaggio?**
당신의 방문 목적은 무엇입니까?

20+08 **Turismo.**
관광입니다.

20+09 **Lavoro.**
비즈니스입니다.

20+10 **Quanto tempo si ferma a Roma?**
Roma에 얼마 동안 머물 것입니까?

20+11 **2 settimane.**
2주요.

20+12 **Dove alloggia?**
어디서 머뭅니까?

20+13 **Ha qualcosa da dichiarare?**
신고하실 것이 있습니까?

20+14 **No, nulla.**
아니오, 아무것도 없습니다.

20+15 **Può aprire il bagaglio?**
가방 좀 열어주시겠습니까?

20+16 **Cosa sono?**
이것들은 무엇입니까?

20+17 **Sono i regali per i miei amici.**
제 친구들을 위한 선물입니다.

-END-

여러분의 이탈리아어 첫걸음을 응원합니다!

Practical, Useful and **Easy-To-Understand** Lessons!

Italian

It's **the perfect book** for any **self-learner.**